大家小小书

篆刻　王兴家

中国历史小丛书

主　　编　吴　晗
编　　委　丁名楠　尹　达　白寿彝　巩绍英
　　　　　刘桂五　任继愈　关　锋　吴廷璆
　　　　　吴晓铃　余冠英　何兹全　何家槐
　　　　　何干之　汪　篯　周一良　邱汉生
　　　　　金灿然　邵循正　季镇淮　陈乐素
　　　　　陈哲文　张恒寿　侯仁之　郑天挺
　　　　　胡朝芝　姚家积　马少波　翁独健
　　　　　柴德赓　梁以俅　傅乐焕　滕净东
　　　　　潘絜兹　戴　逸

新编历史小丛书

主　　编　戴　逸
副主编　张传玺　唐晓峰　黄爱平
总策划　韩　凯　张　森　李翠玲
执行策划　安　东　吕克农
编　　委　王　玮　王铁英　孔　莉　孙　健
　　　　　刘亦文　李海荣　沈秋农　高立志
统　　筹　高立志

新编历史小丛书·史话

中国教育史话

程方平 著

北京出版集团
义津出版社

贵州出版集团
贵州人民出版社

目　录

导　言 ································· 001
一、传说中的中国教育起源············· 003
二、中国最初的学校教育··············· 008
三、孔子与中国早期教育思想和实践········ 013
四、学校制度的演变与丰富的学校类型······ 018
五、科举制的作用、贡献及其与教育的关联··· 032
六、书院的出现和深远影响············· 038
七、传统的教师作用和重学方法········· 046
八、耕读传统及其学习资源············· 056
九、西学东渐、东学西渐与近代教育的变化··· 066
十、中国传统教育遗产的当代价值········ 082
作为拓展学习的参考书················· 092
修订补记····························· 095

导　言

从1979年在北师大上研究生,跟毛礼锐先生学中国教育史至今,我从事研究工作已经近四十年了,陆陆续续写有一些教育通史的专章、教育史、教育断代史和教育史文章,也曾尝试写一些教育简史、教育家介绍的普及类文字,深感中国教育方面的历史传承非常重要,不仅有学术方面的价值,对当下和未来中国教育的改革与发展也有重要的借鉴作用,甚至还能惠及国人的学习和精神成长。因为中国教育的改善也像中医的发展一样,要具有自己的特点、法则、优势和轨迹,不可盲目和没有自我的照抄照搬国外的"先进"模式,而应坚持走自己的道路。所以,向大众和全社会普及中国教育的传统知识非常必要。

中国是举世瞩目的文化教育大国,其教育遗产极为丰富,且在教育的实践、思想、制度、人物、文献、方法、教师、社会风气、尚学风俗、评价等方面，均有对世界的重要贡献，有不少成果和遗产至今仍能对人类的教育教学改革提供重要的借鉴和参考。

五四运动以来，中国教育的传统频遭破坏和否定。在其百年纪念之际，回顾当时诸贤的发声及思考，远非今日社会和人们观念中的教育基本"西化"和崇洋媚外，教育传统中的原创、永恒与要素等等，都可在这一百年的"新"传统中被惊喜地重新发现，传统是中国教育不可忽略的宝藏。

在20世纪80年代，笔者曾写有专门的《中国教育》和史话类中国古代教育，多偏向于一般中国教育制度流变的梳理。这次在原有文字的基础上，结合多年来的感悟和思考做了若干修改，将通史类的述评转为"纪事本末"类的介绍，包括几大类教育的概说，并更名《中国教育史话》，力图在简短的篇章中使内容更加全面，且融入了一些新的研究成果和学界共识，希望能为中国传统教育经验的传承和传播尽一点微薄之力。

一、传说中的中国教育起源

中国教育的起源不知从何时开始,从大量的考古发现、古代的传说和古籍记载中可以看出,中国的先民们在原始社会就已经开始注意总结生存、生产、自我保护等方面的经验,并通过不正规的社会教育方式,一代代地相传下去。如古代传说中的燧人氏钻木取火,教民熟食、教民渔猎;神农氏尝百草,教民医药和农业;黄帝作宫室,教民避寒暑;黄帝的妻子嫘祖教民养蚕与丝织等。传递的都是生活、生产和安全方面的知识和技能,传播的载体是行为、语言和图画。在动物界和初期的人类中,行为对行为的模仿是最初的教育或学习模式。因为这样的教育或学习直观、简单,是与动物和早期人类的生存、生活紧密关联的,也是后来语言和文字产生的重要基础。只是其开端难以准确推测,应远远早于语言和文字的出现。语言的使用并使之有教育作用,在动物界早已有之。据美国学者研究考证,距今约600万年至300万年间,远在文字产生之前,语言即成为动物界和早期人类的主要交流媒介,人类最早的教育或学习,应是以语言为主要载体的。由于有了语言的发展,中国的先民开始使用概念、语句,并不断丰富自己的想象,发展自己的思维,使教育逐渐有了积累,要学习的必要知识和技能也逐渐丰富起来。

朱熹在《四书章句集注·大学章句序》中说,上古时上天降生人类,赋予完美的人性,但因后天的影响,出现了不少缺陷,于是便令伏羲、神农、黄帝、尧、舜等聪明睿智的圣贤担任"亿兆之君师",教民复归本性,并设立司徒、典乐等官,担负教化责任,遂陆续出现了专门的教育、教师、教官和最初的教育内容与制度。

讲到"书画同源",是说人类所创造的文字与人类对绘画的运用是同一个源流。但从中国的考古文献来看,先民对绘画的使用要远远早于典型文字的创立和使用。如贺兰山岩画、广西花山岩画等,距今约有上万年的历史,部分彩陶和仰韶文化的图案在距今7000年至4500年左右,远远早于我们所看到的成熟的甲骨文(距今在3500年左右）。通过前文字时期的绘画，我们可以感受到中国先民的审美、思维、想象、表达、传播、学习等能力，均已远远超越动物界，并为符号的出现和文字的产生做好了重要的铺垫。尽管我们知道，在成熟甲骨文出现前的数千年中，文字的创制和使用都在积极的准备和探索中，绝非仓颉（传说中创造中国文字的黄帝时的史官）一人在忙，或一时所创，一定有千余年、或数千年不断的探索、发展进程。其间教育的发展主要是以语言和绘画为重要载体，不规范的符号、类似"结绳记事"的方法等也在运用，所有的努力都在呼唤着文字的出现，而文字最终出现，也是教育和先民思想高度发达之后产生的重要成果。

在上古传说时期，与不正规的教育相应的是没有正规和专职的教育者，没有专门的教育场所和固定的教育内容，涉及的知识或技能主要包括农业种植、渔猎、防护动物和外族袭扰、防止疾病、勾连衣物、制作美化的饰物等，也有对自然和早期氏族社会问题的探讨。其中有地位的专门人士和相关知识技能的传承者，主要是巫师等宗教人士，传承范围主要在家族之内，传承的方式主要是刻划符号、口耳相传、整体记忆等。传承的场所与氏族生活、聚会的场所合一，被称作"辟雍"或"泮水"等。其场所类似一个安全岛，四周环水，为保老人和儿童安全，只有一个通向外界的通道。当时的教育与生活、与社会是合二为一的，其内容也没有分化，主要的教育是在没有劳动能力的老人和同样不具备劳动能力的儿童少年之间单向传输的，老年人就是少年儿童天然的老师，他们传授的首先是生存和生产方面的知识或技能，行有余力才会涉及其他。包括先民们在社会规范、等级划分、道德要求、知识记载、人才评价和使用等方面的实践、探索，也均有了重要和丰富的积累。对当时社会的发展，对后来文字的出现和教育的发展，都有着极为重要的奠基作用。

从某种意义上说，早期中国先民的教育探索，或原始时期的教育实践可谓与人类的第一需求紧密相关，也与最直观、最普遍使用的载体——行为、语言和绘画紧密相连，但不能据此认为当时人们的思维水平低下，教育或学习方式简单。今天的教育因为缺少对行为、语言和绘画的关注和使用，不仅问题增多和明显，而且效率低下，回望我们早期教育的历史，应该能得到清晰的启示。

另外还可以关注的一点是，早期的不正规教育，有明显的"养老慈幼"特点，这对今天进入老龄化社会和幼儿教育受到高度重视均有明显的相关性，其合二为一、相辅相成的经验很值得借鉴，且有越来越多的合理性、可行性被人们重新认识和发现。人类教育发展至今，在使用行为、语言和绘画等载体方面，依然存在需要探索的巨大空间，早期教育起源时留下的经验和做法，也依然可以提供多方面有益的启示和借鉴。

二、中国最初的学校教育

大约在公元前20多个世纪的部落领袖舜(又称"大舜")时期,传说已经设立了"庠"(初为公众聚会议事的地方,也是类似后来学校的专门场所),继之在夏商周(前21世纪—前7世纪)三代,又陆续出现了"校"、"序"、"学"等具有类似功能的机构,以及蒙学、小学和大学的分野。即早期正规、专门的学校教育在此时已经初步成形。在这一时期,人们的思维已经达到了相当的程度,并已能有效地传播和交流信息,产生出一定的教育效果。今天认定的中国最早的文字——甲骨文,主要是商代的出土文献,距今3500年左右。其令人吃惊的系统性、完整性、丰富性等,都使人会普遍产生这样的猜测或判断:甲骨文的萌芽和发展阶段必定很长,只是目前还缺少出土文献的实证,随着未来考古研究的发展,其间的演变过程将有更具体的展现。

据现存的多枚甲骨文献记载,在商朝已确有学校,并有贵族学生上学方面的有关占卜(**商周时期,帝王重占卜,几乎遇事即占,事无巨细**),主持占卜并做记载的专门人士多为巫师,被称作"贞人",可谓在中国最初文字使用时期的"知识分子、教师和书法家"(郭沫若语)。

正规学校的出现说明,社会的发展已能促使社会出现分工。而文字的使用,也使教育的专门化有了很重要的载体和抓手。了解和使用文字,将成为学校、教师的专利,因文字产生而划分的历史时代,也使教育的效力大大提升。

值得注意的是,切记不要忽视文字产生和使用前的教育传统。在文字使用和正规的学校教育之外,还有非正规的、非文字的教育一直发挥着巨大而重要的作用。很多年以来,许多有关教育的研究却对此视而不见,误导了人们对教育的感受与认识。

到夏商周时期,教育或学习的内容更加丰富,在宗教、历史、天文、历数、音乐、医药、文学、社会、思维、农业、渔猎、手工技艺等领域,专业化的知识和技能的积累越来越丰富,并形成了中国人独特的传统思维方法。在最初的学校中，教育也主要是由一批在道德、为人、知识、修养等方面有积累、有名望的老人、长者主持和从事的。据《尚书·舜典》记载，当时已有专司教育的"学官"——司徒、宗序和典乐等，负责主持"五教"（父义、母慈、兄友、弟恭、子孝）、"三礼"（祭天、地、祖先）和乐教，用以调节民情、维护家国的和谐与安定。

夏代出现的学校，以养老为重要工作，兼教子弟习射、视学、合乐、释奠、择士、讲武等知识技艺，场所相对比较简陋。商代的学校设置又有了发展，除了延续传统外，面对贵胄子弟的礼乐教育、道德教育受到了充分关注，文字、书写、手工业的发展等，也使教育的资源达到了"有典有册"、前无古人的水平。当时已有"父师"、"大师"、"太师"、"少师"之称，以及"大学"（亦称"郊学"、"右学"等）、"小学"（亦称"下庠"、"左学"等）的区别。到了周代，学校已有国学（大司乐掌管，另有乐师、师氏、保氏、大胥、小胥等分别执掌）和乡学（即地方或诸侯设的学校，有"闾设塾、党设庠、术设序、乡设校"之说，由大司徒掌管，另有乡师、乡大夫、州长、党正、父师、少师等分别执掌）之分，国学内还有小学（亦称"外傅"、"幼学"等，习"小艺"）、大学（习"大艺"，提升道德、学为人君）之分。教育内容主要是祭祀、习乐、礼仪、等级制度和射、御、书、数等具体技艺。负责教育的人称"师氏"或"保氏"，他们也同时兼做祭祀、占卜的工作。据《周官》："师氏之属，掌以美教国子以三德三行。""行礼约、宣教化、教导天下之人"是各类教育者的主要职责。"学在官府"、"官师合一"的特点很明显。

由于清末以来甲骨文的发现和破译，对商代以来的教育有了更深入具体的了解。"教"、"育"、"学"、"习"、"知"、"行"、"道"、"德"、"思"、"辨"、"问"等概念，共同结构成当时的教育基本理念，也对后来中国教育明显特征的确立、主要教育思想的多元并存等，提供了重要的思想文化基础。

"书"（繁体字是上"聿"下"曰"，即"用笔或书写来说"之意）概念的出现既表明了文字与语言的关联，也说明自此开始，教育的主要载体或学校的主要工作都与读书产生了紧密关联。至少从商朝开始，文字材料的积累已经不断地增多，但在学校教育中以何为据？或是以识字和实用阅读为主？现在还缺少直接的证据。

当然，有一些判断是可以成立的，比如最初正规的学校教育仅是为帝王和贵族（子弟）服务的教育，平民百姓并没有受教育的条件和机会，甚至破落贵族也没有相应的机会。在广阔的民间，民众所受的教育被包括在"移风易俗"之中，用今天的话讲，就是非正规的、与生产生活相关的社会教育。这些历史传统虽然长期不被教育研究和实践者关注，却依然也可以对今天的教育发展产生重要的影响，当下和未来人类的"学习型社会"建设而言，可汲取的经验将会有越来越明显的显现。

三、孔子与中国早期教育思想和实践

在东周晚期的春秋战国（前770—前221）时期，礼崩乐坏、王权式微、诸侯蜂起、夺权争霸、战事绵延、民不聊生。在教育上，官学（现很缺少具体的记载描述）衰败，私学兴起，时有"天子失官学在四夷"的说法。当时私学的兴盛是与一批学者和思想家的努力实践分不开的，其主要代表人物有管子、晏婴、老子、孔子、曾子、子思、墨子（战国时其墨家学派曾与儒家并称"显学"）、庄子、孟子、荀子、韩非子等。他们不仅能看到商周以来的丰富文献，也能将自己的思想集结成书，形成了中国"轴心时代"（德国学者雅斯贝尔斯提出的概念，意即在公元前800—前200年间，各个文明地区都出现了伟大的精神导师，其主要的思想和洞见至今难被超越。见其著《历史的起源与目标》)的主体,其著述也成为后世中国教育界最为重要、且难以逾越的思想资源和宝贵文献。

在这些中国历史上最重要的思想家之中,孔子(前551—前479)是当之无愧的最伟大的教育家。史载孔子有"弟子三千,贤人七十"。前者是长期跟随他学习的追随者或求学者,包括官员、贵胄子弟、商人、军士、文学家、政客等,也包括平民、曾经的罪犯、身为奴隶者等;后者是其中的佼佼者,相当于今天的学生干部、课代表,可以辅助孔子开展小组教学、分层教学、因材施教的"小先生"。孔子和他的后学传人不仅有丰富的教育教学实践,提出过"有教无类"、"以人为本"、"因材施教"、"推己及人"、"教学相长"、"知行合一"、"学思结合"、"止于至善"、"博约相济"、"盈科而进"、"当仁不让"、"德艺双馨"、"化民成俗"、"启发式"、"礼法德结合"、"学而不厌诲人不倦"、"建国君民教育为先"等至今仍有重要意义和价值的教育思想,还在教材建设、教学分段、人才评价、确立教育目标等方面进行了卓有贡献的重要实践。

将"六艺"(礼、乐、射、御、书、数)作为教育和培养人的基本路径,整理编辑《周易》、《诗经》、《尚书》、《周礼》(包括《仪礼》和后来的《礼记》)、《春秋》(后有《左传》、《谷梁传》和《公羊传》"三传")、《乐经》等"六经"作为正规的教材读本,就一些重要的教育和社会问题,如王霸问题、人性问题、义利问题、天人问题等,进行深入持久的探讨,在教育和社会发展方面的影响极为久远。古人云:"天不生孔子万古长如夜。"仅从孔子在教育方面的贡献而言,其说可信可立。在孔子的影响下不仅以学派为组织形式的私学教育蓬勃发展,百家争鸣的局面也相继形成。其中著名的有:儒、道、墨、法、名、阴阳、农、兵等家,由他们积累了中国文化教育史上最丰富、最基础的思想文化遗产。

到战国时期,中央官方大学的记载缺少,地方各诸侯国所办的大学却有突出的表现。其中以齐国的稷下学宫(初建于齐桓公当政时,历六代,约140年)为代表,体现了中国早期大学的基本精神风貌。其教学有"期会"、论辩等形式，学者在教学之余，也兼邦国的谋士或顾问。很快，学宫便能聚揽群英、声望日隆，成为当时闻名遐迩的文化教育中心。该学宫兼聘诸家学者讲学，以孟子和荀子等最为著名，荀子还曾做过学宫的"祭酒"，相当于现在的大学校长。当时来自各地的求学者众多，甚至达到万人规模，为当时充满生机的百家争鸣提供了适宜和广阔的教育平台。

这时的教育，已有较明确的阶梯分别，如蒙学（0—7岁）偏重习惯养成和语言训练；小学（7—15岁）偏重于文字训练和经典学习，达到"小成"（具有身心成熟的基础和生存、成家、担负社会责任的基本能力）；大学（15岁以上）研读经典、探索专业和未知领域的问题，没有限期毕业的严格规定，而是要用一生来追求"止于至善"。至少从汉代开始，中国人已开始关注"胎教"（如《论衡》等）的问题，教育的视角已伸向"先天"的部分。相关教育思想主要集中于《易经》、《论语》、《孟子》、《荀子》和《礼记》中的"礼运"、"学记"、"大学"、"中庸"诸篇，在《管子》、《老子》（《道德经》）、《墨子》、《庄子》、《吕氏春秋》、

《韩非子》等中,也有不少可贵的、"和而不同"的教育思想,构成了中国古代教育多元互补的理想生态与格局。

四、学校制度的演变与丰富的学校类型

早在秦灭六国之前,秦国就根据商鞅的思想,反对"以诗书为教",只重视耕战和刑名之学。后来的韩非更是排斥私学、否定文学礼仪之教。秦统一中国,实行了一系列标准化、规范化的措施,如统一、规范和简化当时复杂多元的文字(当时至少还流行秦篆以外的六国文字)为小篆、规范度量衡、确立"以吏为师"的政策等,都有利于后世文化教育制度的发展。但被史家抨击的"焚书坑儒"、颁布"挟书律"(限制民间藏书、焚烧《诗》、《书》、列国史、百家语,违者施以刑罚)等确为历史上的残暴与毁灭文化之举(据相关研究,与耕战、技术、吏治、医药、卜巫和刑法等方面的图书未遭焚毁),并由此引发了社会动乱和农民起义,使秦王朝不过二世。

随之而来的汉朝汲取了秦帝国迅速衰亡的教训,先以道家思想引领国民"休养生息",同时恢复了诸子百家之学,并兴办教育,推进文化复兴。在废除"挟书律"(前191)后,民间的儒家经学传授和学者的抢救性研究开始发展,出现了一批学术和教育方面的大家,如田何(《易》学)、伏生(《尚书》)、韩婴和申公(《诗》学)、高堂生(《礼》学)等。也有陆贾(高祖时)、贾山(文帝时)等提出过崇学、兴教、明人伦和修先王之道的主张。

汉代(前207—公元196)长达300余年,在发展教育方面具备诸多的有利条件,包括毛笔的使用更为普遍(现已发现约7000年前的彩陶,已用类似毛笔的工具绘制,战国时期的典型毛笔已有出土)、纸张已发明并使用、通过石刻经文(如汉"熹平石经",后来还有著名的魏"三体石经"、唐著名的"开成石经"等)统一规范的教材、官学和民间集聚了一大批学者注释整理传统经典和各类文献、通过休养生息积累的财富用于发展各类学校、目录学分类促使教育进一步专业化、中国历史上第一本字典——《说文解字》问世,也包括道教的形成、佛教的传入为教育提供了儒学以外更为丰富的学习资源。随着中华文化的总体格局基本定型，古代教育的大体架构也初步形成。

汉武帝时，根据名儒董仲舒《贤良对策》的建议，确立了影响此后两千余年的文教政策——"罢黜百家独尊儒术"。而所谓的"罢黜"与"独尊"并非秦时的"焚书坑儒"，诸子之学依然存续和发展，直至今天仍可研读。因为，能与儒家分庭抗礼的佛道两家全是以"出世"为原则和特色的，他们对儒家的包容、厚德也都认可。就连在《论衡》一书中公开"问孔"、"刺孟"、"非韩"的汉代学者王充，明代激烈反传统并著《焚书》以明其主张的李贽等，其著述也都能很好地保存至今。所以，确立"独尊儒术"的文教国策，应是当时合宜的选择。

除了私学的延续和发展，汉代建立的正规大学（太学）是高水平和毋庸置疑的，各类学校的出现，用当时史学家班固的话说，就是"学校如林"。与"五经"相关的有经学博士（前136年设"五经博士"）和博士弟子（前124年置五经博士弟子50名，至成帝时仿孔子故事，定员3000人），将逐渐挖掘、搜集的传统经典分"古文经"(以春秋战国时的诸侯国文字记述，需要汉代学者做考证真伪)和"今文经"(用汉代通行的篆隶书书写，注重阐明微言大义，对现实问题有所思考)加以传授，并形成了"家法"、"师法"不同的教育特色。当时的重要教育家除了董仲舒之外，还有许慎、郑玄、马融、王充等，在他们的著述和研究中也有许多主要的教育思想。自此，学习儒家经典已成为入仕为官的重要途径，董仲舒提出的"三纲（君为臣纲、父为子纲、夫为妇纲）五常（仁义礼智信）"也成为儒家倡教育、"明人伦"思想的主要内容，对后来2000多年的中国历史均有重要和深刻的影响。根据中国的哲学和认识方法（阴阳各有其位，相生相克、相辅相成；守中道，尚和谐，在变化中积极进取；无为无不为；以仁德民心为重，礼法德并举不悖），为纲者不仅有权力、有优势，也有责任和规范，国君、父亲和丈夫若不能履行职责、体恤下情、坚守道德，也会被唾弃、否定和推翻。

汉代的官学持续发展，其中太学在东汉时，学生已达3万余人。同时的地方（州、县等）官学也有明显的发展，出现了一些新型的学校。如从汉末三国到魏晋南北朝时期，政权的动荡与更迭极为频繁，中央官学的教育难以持久。由于传统儒学及其教育受到冲击，融合佛道思想的"玄学"兴盛一时，也使教育的发展出现新的形式。其中以艺术教育为主要内容和特征的"鸿都门学"最为著名，另有数学、书学等内容成为专门学校的教学内容，对后来科技教育、艺术教育、社会教育等均有深远和积极的影响。

特别值得关注的是，隋代（581—619）在教育发展上，也有非常重要的贡献。首先出现了具体管理学校教育的专门机构——国子监，相当于今天的教育部，其管理职能更加具体和专门化，有利于正规学校的建设，对学制、学官、教学要求、学业安排、考学评介及任官等，均有细化的规定；其次，建立了日后延续整整1300年的科举制，使社会阶层的纵向流动可以通过学习考试的完成，终结了过往"上品无寒门、下品无氏族"的僵化局面，推进了社会的发展与教育的进步，使学习或受教育的重要性在社会上不言自明。

唐代（619—907）是中国历史上的"盛世"，在文化教育方面的探索和建树都非常可观，并被后世诸多朝代视为效法和追慕的对象。

在国子监统辖之下,不仅有中央官学高等教育层次的"六学二馆"——国子学、太学、四门学、书学、算学、律学和弘文馆、崇文馆,也有遍及全国的州府郡县学校和地方"道学"(根据唐代帝王的意愿,传授老子和道家的思想、知识和技能等)及医学,官学体系的建立十分完备。当时不仅有周边民族的王侯派子弟来学,来自高丽、日本、越南等国的留学生、留学僧等也都数以千计。他们不仅从中国学到了多方面的知识,或在中国经科考为官,还把中国的教育制度、教育方式、教育内容、考试方法等传回了本国,成为"中国教育圈"的重要组成部分。

在宋代(960—1279)官学除了延续唐代的传统体制和内容外,根据一些帝王(宋徽宗等)的喜好,还强化了官方正规的艺术教育,整理出版了大量艺术教育文献。还一个非常突出的贡献就是书院的出现及其大规模的发展。所谓的"书院",名称在唐时已有,但最初仅有官家的藏书、校书、印书等功能,缺少教学和研究的作用。到五代及宋初,不少学者因不满足于官学体制的局限,在民间设馆讲学,并得到了不少官员和士绅的支持。值得关注的是,中国书院产生和发展的时期,与西方"现代"大学的起源(以意大利11世纪的博洛尼亚大学为代表)几乎同时,且其办学精神、开放形式、学术追求等,均与西方大学有殊途同归的共同特点。在后来的近千年里,有文献记载的中国书院就多达7000余所,几乎覆盖除西藏外的所有中国地区和亚洲部分国家,如日本、韩国、越南等。对中国教育的繁荣、学术的进步、社会的理性发展等,都产生过多方面的重要影响。书院的形式与精神甚至被胡适等人视为中国大学未来发展的重要本土渊源。

朱熹(1130—1200)是宋代"新儒学(理学)"的集大成者,除了普遍注释儒家经典"四书五经",细化了学校教育和自主学习的具体目标外,其所著《小学》也扭转了近千年基础教育忽略道德文化的偏向,对宋以后中国各层次的文化教育均有广泛深入的引领作用。在书院教育、学习方法、道德追求和学术精神等方面,朱熹的影响几乎与孔孟比肩。

与两宋并存的辽(907—1125)、西夏(1038—1227)、金(1115—1234)等政权,在教育(学校教育以"理学"教育为主)和学校建设上也有重要的贡献。特别对元朝、清朝的文教发展有重要的影响（过去从大汉族主义和狭隘民族主义的立场出发，将这些朝代视为外族统治，忽略其在文教发展、北方开发、文化科技交融等方面的重要贡献）。如辽、西夏、金等均注重向中原学习文教发展的经验，不仅开设学校、延续科举、翻译汉文经典和读物，还尝试制造文字（契丹大小字、女真大小字、西夏文字等）、引进农耕、发展手工业、改善地方习俗等，使中原的文化教育影响大大地向祖国的北方推进，也使北方文明反向进入到中原，产生了多方面的积极融合。

元代（1271—1368）在教育方面不仅注意借鉴唐宋和辽金的传统经验，加大了教育的国际交往，其重要的探索还体现在书院"官学化"、开展民族教育、推进文学艺术发展（元曲、元杂剧、青花瓷等）、引进阿拉伯和西方的学习资源（尤其是几何学、建筑学、天文学等）、促进理学北传和向广大边疆地区的拓展，以及实行"社学"（面向所有农民进行的，由官方提供的农业、医药和儒学基本思想的，有组织、有条件支持的社会教育）等方面，对教育的贡献也是明显和巨大的。

明代（1368—1644）主要延续唐宋以来的教育成法，学校教育除中央（包括贵胄性质的"宗学"、专门化的两京国子监等，其下设国子学、太学，及武学、医学、阴阳学等专门之学）和地方官学（包括府、州、县、卫儒学，各司儒学和孔、颜、曾、孟"四氏学"，及武学、医学、阴阳学等专门之学）外，还继续发展民间的和非正规的教育，包括私塾、宗学、书院、翰林院等，也包括社会教化（沿用元代"社学"旧制）、经筵日讲、家族（宗族）教育和佛道等以宗教为基础内容和载体的教育。明朝先期仍承继宋代"程朱理学"的传统，继之受到王阳明"心学"的重要影响，学校"科举化"的问题未能解决且日趋严重。与前朝不同的是，在明朝已出现了"市民"阶层的教育意识，与书院自由、自主的探究风气结合，培养出大量具有民主精神和实学意识的重要学者，引发了当时专制统治者的不满，进而有"四毁书院"（嘉靖年间为打击湛若水、王阳明的"邪学"；严嵩专权时反对自由讲学；万历年间张居正主政时为防止"乱言乱政"；宦官魏忠贤捕杀"东林党"，矫旨毁天下书院）的黑暗弊政。从明代开始，"实学"的兴起与外来传教士兴办的"洋"学校（包括洋书院、洋私塾等）是突出的特点。前者以颜元（1635—1705，强调"讲解千卷，不如习行一二"；"讲之功有限，习之功无已"）、李塨（1659—1733）为代表，强调教育应学专门、实用的学问，不能只尚空谈。在其所设的漳南书院中，开设了算学、历法、农学、水利、军事、建筑等课程，用"治世斋"（教礼乐书数天文地理等）、"武备斋"（教黄帝、太公书和孙子、吴子等兵法，以及攻守营阵、水陆战法、射御击技等）、"经史斋"（教学"十三经"、历代史、诰制、奏章、诗文等）、"艺能斋"（教水、火、工等专门学问、技术，涉及化学、水利、铸造、物理、各类产品制作等）、"理学斋"（教宋以来的程朱陆王之学）、"帖扩斋"（主教科举考试方法、技术、相应内容等）等六斋分"专业教学"。后者因难以得到在当时中国合法正规办教育的权利，故效法书院做法，躲开审批程序，在边远地区开设书院，教授西方宗教和相应的文化、科技等。

清代（1636—1912）前期为了融入和治理的需要，实行崇儒重文、挟以武力的文教政策。在总结了以往少数民族统治全国的经验教训之后，基本延续了明朝的教育规制。不仅广开学校、设置科举，还利用"治经著述"等导向（如促进"乾嘉学派"的形成），将知识分子引向书斋，缓解民族矛盾方面的压力，且巧妙地实行了思想控制，给学者有限的"自由选择"。在学校制度建设方面，一方面延续明朝的国子监系统，设置具有其特色需求的特殊学校，如宗学、觉罗学、八旗官学（学习处理帝王宗亲关系的相关学问，及基本道德、规范、知识、技术等）、景山官学、咸安宫官学（学习处理内务关系的学问等）、唐古忒学（学习处理民族关系的学问等）、琉球官学、回缅官学、俄罗斯学（以上学习处理外交关系的学问等）等。另一方面，注重官员的在职学习和培养，如在翰林院庶常馆进行庶吉士培养、在乐部教坊司有乐人的培养、在太医院有医生的培养等。与此同时，由国外传教士带来的西方教育及其内容也开始渗透到了帝王的学习之中（如明崇祯；清康熙、雍正、乾隆等均接触和喜爱西方的数学、物理、艺术、精密制造等）。地方官学则与明朝大体相同，义学、井学（二者同为设于乡间，靠本家族捐款兴建的免费学校）在经济较好的地区普遍出现。雍正时期还主动恢复了一些（官方）书院作为对官学不足的补充，致使不少鸿儒硕学有了讲学、研究的理想场所。1818年基督教会传教士马礼逊在马六甲创办的英华书院是第一所专以华人为教育对象的教会学校，对日后的西方在华办学和西学大规模进入中国有重要和直接的影响。

清后期（指1840年鸦片战争以后）中国社会经历了多次巨大的震荡，贫弱、战争、被掠夺和欺压，使得常态的教育和科考举士制度等都受到严重的冲击和破坏，一批有识之士开始寻求教育改革为民族振兴服务的探索之路（魏源、张之洞、严复等提出"中学为体西学为用"、"学夷之长技以制夷"等重要的教育改革思想）。一些洋务派和开明士绅兴办的书院不仅开始教授"西学"（西方数理化等）和"西政"（西方政治、法律、哲学、语法、社会学等），并有相当一批"洋教习"直接在书院任教和参与管理。

由此开始，不仅中国的教育系统渐被打开，在官方教育体系中出现了专门研学西方语言、文化、科技、外交等的"同文馆"（1862年始建，属洋务学堂，长期以来，被中国学界视为中国近代学校教育之肇始。所教内容计划涉及英文、法文、俄文、德文、日文、天文、数学、物理、生理、化学、地理、军事、医学、翻译、国际法等，但未能全部开设。始建天文、物理等实验室），西方的教育理论、制度、内容、方法和形式等也越来越强力地冲击着中国的传统教育。到清末"戊戌变法"之时，几乎所有的改革均告失败，唯有教育的改革得到坚决的推进，不仅通过了"壬寅癸卯学制"（1902—1903，依据张百熙、张之洞、荣庆等所上"奏定学堂章程"），确立了幼稚园教育、义务教育、职业教育、高等教育等较为先进的教育理念，还在以西方学校取代中国的私塾、书院，废止科举（包括武举，考八股文等），引进西方科学内容，鼓励世人专研"有用"之学等方面开始了方向明确的大力改革。为此，孙中山先生还特别称赞在这一改革中起重要作用的清末洋务派重臣张之洞为"不言革命的最大革命家"。当时洋务派所建的新式学堂在全国有30多所，除开设前述各专业外，还有造船、军械技术、工艺技术、电报、铁路、矿务、电气、武备、水师、渔业、植物、交通、金融、商业等。

除了洋务派之外，维新派、革命派等也提出

了更积极的教育主张,代表人物有康有为、梁启超、郑观应、黄遵宪、谭嗣同等。自1847年容闳等首开中国近代"留学"先河之后,官私留学渐成为高端教育和人才培养的重要路径。近代以来在文化科技和教育改革方面的卓有建树者,如康有为、梁启超、严复、蔡元培、胡适、王国维、陶行知、晏阳初、蒋梦麟、竺可桢、赵元任、陈寅恪、傅斯年、徐特立、吴玉章等,多是既有深厚中国文化功底,又有国外深入留学经历,兼通中西的博学务实大家。

从有学校的雏形到清末,中国的教育大约经历了约4000年的发展史。中国人创立的官学及其管理机构,以及各类专门学校、书院、私塾、乡校、社学、义学(井学)等教育形式,包括由传教士在中国开办的洋学堂等,都为中国教育的延续与充满活力的发展做出了重要的贡献,提供了难得的本土经验。

五、科举制的作用、贡献及其与教育的关联

由于中国自古以来就十分崇尚有道德、有才华的人才,所以早在传说中的三皇五帝时期,就有很多举贤、求贤、用贤、让贤等智慧感人的故事,到夏商周特别是春秋战国时期,尊贤、养士之风大兴,且有"唯才是举"、"任人唯贤"等非常明显且被广泛认同的思想出现,并能将培养人才、发现人才、使用人才的实践逐渐形成制度,使教育和用人的文化紧密联系起来。在《论语》、孔子的经历(孔子培养的弟子有政治家、军事家、演说家、商人、文学家、管理者等等)和春秋战国招贤养士(战国四公子的养士涉及各类人才,包括"鸡鸣狗盗"之徒,稷下之学培养的各类人才也多为各诸侯国所招揽和任用)的故事中,可以看到不同人才的使用与因材施教教育方法的有机结合,对人才培养和人才品评的探索

也逐渐有了主要的积累。但是直到公元606年隋朝建立科举制之前,中国的任官取士制度都与人们的这些理想相去很远。

从秦汉开始,除军功外,虽有"选秀才"、"举孝廉"等新型探索,但入仕为官、身居显要的还主要是世家官宦子弟,"上品无寒门,下品无势族"(魏晋时期的"九品中正制")的任人唯亲现象一直比较普遍,绝大多数清寒之家的子弟鲜有能通过教育或自身的能力改变身份的机遇。

隋代开始的科举制在一定程度上改变了上述情况,原则上任何人通过专门化的考试都有机会为官或升迁。当时参加科举的考生虽有一部分来自于官学毕业生,但大多数是来自民间,不仅改变了官员队伍的组成结构,也使任人唯贤的理想得到了进一步的体现。

科举考试主要分"常科"(即经常设置的科考,每三年一次,有县、省、国家三级,到武则天时期还创设了"武举"和"殿试"的规则)和"特科"(也叫"制举",非每三年一次,根据国家需要随时进行相应的考试)。前者包括"明经科",考帖经、默义(测试记背经典的功夫,成为后来被批评的重要内容）、解经和时务策等，虽有死记硬背的内容，也有经国安邦思路和能力的考核；也包括"进士科"，虽也考察经典掌握的内容，但主要考试文学才华，内容形式都灵活多样，自由发挥空间较大，难度远大于"明经科"。进士、明经的名称早在先秦经典中已存在，但此前的内涵与功用都相对简单、理想。对应唐代各级各类学校专业的考试，如明算科、明书科、明法科等也进入到科举考试的范围之中，不少科技、实用人才也可出人头地。后者虽不是三年一考，但涉及的内容和专业十分广泛，包括经济、管理、军事、农业、水利、建筑、技术、医药、文学等方面的人才，有近百种之多（参见《唐会要》、《通典》等）。

除此之外，科举制还在常规考试之外开辟了更为多元、灵活、务实地举拔用人的各种途径，包括"行卷"（兼有"毛遂自荐"和专家推荐两个功能，白居易等即通过大儒顾况等直接推荐后在社会上产生影响，为其日后中榜为官奠定了重要基础）、搜访（类似刘备"三顾茅庐"故事，并有"终南捷径"、"山中宰相"等成语印证）、家传（如李淳风三代主太史局）、佛道

（包括一行、袁天罡等参与官家天历工作，玄奘等译经）等，在官府各职能机构中，也有通过测试技能学习成效升迁的制度和通道。当然，在历史上也难免有少数"通融"、照顾、恩准等个别现象的案例，但决定权交由最高统治者掌握。如确定年高考生（在平均寿命50—60岁的时代，对80岁以上考生给予照顾、鼓励，可产生积极正向的励志影响）、偏才考生、重要功臣子弟等的"恩科"。

另外，早在唐宋时期，就已出现了专门"服务"于科举考试的各类"产业"，如设立专门备考的学校，编印历次科考的"状元卷"、"策论集"、工具书，安排赶考考生食宿的会馆，甚至有制造作弊工具的机构等。现代依然存在的不少与考试相关的问题，如考试经济和文化的问题等，在历史上均有相应的探索和正反两方面的经验。

在多级考试、帝王面试、防止作弊、严法治理等方面，中国科举制度积累的经验不仅丰富，而且实用可靠。包括糊名（判卷时遮蔽考卷上考生的姓名）、朱卷（将考卷用红笔誊抄后再送去评判）、避讳（有亲属、师生等关系考试，考官必须回避)、公示(张榜)、监督、惩处(多为死罪,包括连带相关之人)、设置独立空间的考棚等。据专家统计,在科举实行(历经隋、唐、五代、辽、金、西夏、元、明、清各朝,并对日、朝、越南等国产生影响,这些地方多有留学生在中国经过科举考试为官)的整整1300年中,有明确记载的严重科场弊案,在历史上不到50起,且都有及严厉的惩戒(主谋多为死刑,且有相关责任人的连坐,惩治力度极大)。可见在制度的设计和不断完善方面,科举制确为难得的典范。甚至有"科举应是中国的第五大发明,是中国少有的在制度层面被西方学习借鉴的最重要的制度"的说法。在中国取消科举制度前后,国外有许多国家都很羡慕中国的这一制度,并以此作为西方文官制度、现代公务员制度的直接渊源。在20世纪末中国的改革开放中,我们又把源于科举的公务员制度重新迎回中国。这很值得国人深思。

特别值得注意的是,伴随着科举的发展,在中国社会逐渐形成了"三百六十行行行出状元"的、极具开放意识的传统观念,对各行各业的从业者均有积极的鼓励,朝廷和社会的人才观也具有明显的务实与开放特点,这是至今仍有借鉴意义和重要价值的。从唐朝开始,不去学校,甚至不考科举,只要有一技之长或学有所成,就可以通过专门的测试被国家征用或担任职官(**有不少人官至尚书、宰相等**)。可见,科举的意义并没有局限于其制度之内,对整个社会学习风气的形成和人才的多元自主成长有重要和深远的影响。

不可否认,在中国的古代社会中,能读得起书的人毕竟是少数,最广大的民众是没有机会读书,更没有机会考科举的。所以,所谓的纵向社会流动、多元取士等等,也是相对而言的。只是这一探索和实践的导向很积极和开放,且有不少有益的经验对后来的教育、考试、人才品评、社会尚学风气的形成等,均有重要的促进作用和制度支持。

六、书院的出现和深远影响

书院的渊源很深很广,先秦的诸子百家讲学之风,佛道的传教,魏晋时期的文人避世教学、官家和民间的藏书等,都是其直接或间接的重要渊源。以往,一些学者仅从唐五代找寻书院的肇始或开端,这是眼界比较狭隘的,难以使人充分体会和感受到书院的真正特色和价值。

经过隋唐五代文化教育的发展,在文献整理、学术研究、学校教育、印刷进步、普遍藏书、文化发展等方面,都有了超越前人的重大进步,也为宋代学术的进一步繁荣,尤其是传统儒学向"新儒学"——理学的转型,提供了多方面最重要的基础和条件。

宋代初年重文握武,不仅士阶层投入更大的精力从事学问,动荡的社会也使民间讲学能够产生更大的社会和学术影响。据黄宗羲等的《宋元学案》记载,宋初即有胡瑗、石介、孙复、侯遗等在地方和民间讲学，继之程颐、程颢、张载、邵雍、周敦颐、苏轼、朱熹、陆九渊等名儒硕学都兴办或参与书院建设，掀起了民间办学和民间学术繁荣的高潮。

书院的开办始于民间，多是由地方乡绅出资或捐献房产、书籍等为当地招引名学者前来讲学，或为资助某学者传播其学术思想。故后来有人说，佛道以寺观为道场，宋以后书院即是儒学的道场、民间学者的道场。其功能主要有祭祀（尊孔，不少书院中都包含小型的孔庙）、藏书、编书、印书、著述、讲学、论辩，以及参与社会及政治活动（如东林书院即是反对宦官专权的据点）等。与相对僵化呆板的官学不同，书院的教学、研究都比较自由、民主，甚至不受科举的影响，有鲜明的独立性和学术精神。学生可以来去自由，也可以参加学术论辩，不少书院还采用了"会讲制"，即可由两个或多个学者面对学生共同讲述一个论题，且观点、方法各不相同。这对开阔思路、活跃思想、训练思维、学习明辨、繁荣学术、突破理论局限性等均有重要的意义，与现代大学的理念完全相合。南宋时，由朱熹组织，在江西的鹅湖书院举办了著名的"鹅湖之辩",由陆九渊和朱熹各自阐述自己的学术思想,并开展了激烈的论辩。虽然经过多天的辩论没有绝对的胜方,但在一定程度上恢复和发展了前秦"百家争鸣"的遗风,在学术和教育史上成为被传诵的佳话。

宋代的书院以四大书院为代表,包括白鹿洞书院(江西)、岳麓书院(湖南)、嵩阳书院(河南)和应天(府)书院等(**这是南宋时的说法,也有八大书院等说法**)。在两宋兴起的书院中创造了学术争鸣、会讲、自学、读书、践行等与西方大学精神并辔而行的中国学术和教育精神。胡适先生曾在20世纪30年代指出,清末以西方的学校完全取代书院,不是最明智的做法,因为西方人已经开始反思他们的学校制度过多地受到了机械化、一刀切形式的影响,而中国的书院具有因材施教和自由学习的好传统,应该寻求结合的方式。

据当代学者李国钧等在《中国书院史》中的研究统计,从唐末至清末,有名可据、有案可查的书院就有7000多所,除西藏地区外,所有的省市(包括港澳台地区)都存有书院的遗迹,中国周边的日本、韩国、越南等也都曾有书院对文化教育产生巨大影响，且至今仍是被广泛认可的重要教育形式。据相关记载，2011年前后韩国甚至申报书院为他们的非物质文化遗产。

最能够体现书院精神的"白鹿洞书院院规"是朱熹在书院实践中确立的，在宋理宗的旨意下，该"院规"被抄录到当时太学的门口，成为日后影响官方高等教育的明证，充分体现了体制外的教育探索对体制内教育的重大和深远的影响，也能给后学明确的启示：在形成惯性和痼疾的体制中改革是比较艰难的，而体制外的探索一旦成功是会惠及体制内的改革与探索的。

书院大约从元代开始出现"官学化"倾向，不仅在一定程度上使官办书院更像官学，由官方任命山长，也使不少书院弱化了学术与自由探索、专事科考，成为科举的附庸。但从总体上来看，民间书院仍是教育和学术发展的中坚力量。在两宋同时的辽金时期，书院的影响已在促进北方广大地区的文教发展，元以后颜元李塨等创办的"实学"书院还能与时俱进地引入水利、军事、农学、建筑、外语、物理、化学、数学等内容，与当时的社会发展有着很好的融合。时至清末，部分想在华办学的传教士，因为制度的限制无法办正规学校,因而也效法中国士大夫的做法,开办"洋书院"和"育婴堂"(幼儿小学阶段的非正规学校)等,出现了西学进入中国的早期探索,为近代向西方教育学习奠定了初步的社会基础。

中国传统的书院,虽然受到了部分统治者的承认和赞赏,但对于一些专制的帝王而言,较之太学更为自由(历史上太学生参与政治,反对宦官、外戚专权和支持清官的运动屡有发生,以汉代、宋代、明代为最突出,书院的作用则更为明显,明代与宦官激烈斗争的"东林党"就是以无锡东林书院为大本营的)的学术机构也是令其十分忌惮的。明代曾有至少四次毁书院之举,所谓的改革家张居正也对书院大开杀戒。

清初在乾嘉时期学派林立、学术繁荣,书院也起到了重要的基础作用,对当时"汉学"的复兴做出了突出的贡献,不少知名学者多是书院的山长,或由书院培养而成,书院出版的著作和教材(学界称"院本")也在学术界、教育界颇有影响。不仅系统深入地梳理了从先秦至此时的主要中国学问,包括经学、史学、诸子学、文字训诂学、文学、科技等,也使中国人的文教视野更为开阔。

到洋务运动时期，一些兼通中西学问的书院应运而生，不仅在继承传统文化的同时引进了西方的科学技术内容，甚至还有"洋教习"在书院任教。其中比较著名的有四川的尊经书院，由张之洞牵头，王闿运等编成的《书目答问》，成为近当代学者研读中国传统文化的必备之书，被赞誉为"入学门径"。还有一些如万木草堂、学海堂等，虽未用书院之名，其性质也是书院，对近代中国的历史等，产生过深远的影响。这从一个侧面说明，中国延续近千年的书院，其主流是有独立思维和立场的，在引领社会风向、促进思想发展等方面，起过十分重要的积极作用。

回顾中国近当代高等教育的发展史，可以看到一个清晰的事实：几乎当今的大部分知名高校，在历史上均与书院有着重要的渊源关系，而不是与传统的官方大学有联系。比如，南京大学的前身是金陵大学，而金陵大学是从汇文书院（1888）、基督书院（1891）、益智书院（1894）、宏育书院（1906）的基础上发展成私立金陵大学，再辗转变为今天的模样。并入山东大学、山东师范大学、南京大学的原齐鲁大学,是由美、英、加拿大等国的基督教会联合创办的,曾与北京大学并称"南齐北燕",其前身曾为登州文会馆,依据是《论语》中的"以文会友以友辅仁",后曾更名为"培真书院"(1885)、"广德书院"(1886)和"葛罗培真书院"(1893,为纪念捐款人葛罗培真)。湖南大学很明显与宋代的岳麓书院有很深的渊源,至今书院仍是其重要的组成部分。其他如浙江大学源于1897年建立的求是书院,且今日的校训仍是"求是"。香港大学的前身是圣保罗书院,山西大学的前身是明代的三立书院、清代的晋阳书院和令德堂书院等。相近的情况举不胜举,学校数应在数百所以上。更值得一提的是,香港的中文大学是在内地的书院多改为西式大学(也有较小规模的改为大专、职校和中学等)后,又一个以书院(钱穆等先生1949年创办的新亚书院、联合书院等书院和崇基学院,是该校的初始和基础)为基础建立的现代大学,其校训"明德新民"亦是中国儒学经典《大学》所崇尚的学术精神。

试想,如果在中国近代引进国外学校教育制度之前,没有诸多的书院做多方面的教育探索和实践,必不可能使中国现代高等教育发展得如此快速和高效。在世界教育史上,类似的案例绝无仅有,与中国具有重视教育、昌明学术的优良传统是分不开的。

七、传统的教师作用和重学方法

与世界的历史大体相同,中国最早的老师本是成人,包括父母或同族群的中老年人。在正规的文字、学校出现之前,他们主要向儿童传递的首先是生存技能,继之有人群中的基本伦理规范,并非现代意义上的专门教育者。

在中国,最早有专业知识的人是"神职"人员,他们通文字、会占卜、能计算,知晓一些自然和社会的常识,较之常人有超常的认知能力和专业优长,在当时的朝廷中是分管记事、预测的占卜者,商代称"贞人"(类似于佛教中的法师,基督教中的牧师等)。他们中的一部分人根据统治者需要培养接班人的想法,开始转入最初的学校教学,其身份也逐渐转化成为具有一定自由度的"士",而非今天意义上的专职教师,只是其中的部分人士很有可能选择专门从事教育工作。

在中国的思想史上，诸子百家对于人性和教育关联的论述很多，包括性善论、性恶论、性三品论等等，但都从自己的角度论述了教育的重要作用，一直认为在先天遗传的基础上，后天的教育，包括胎教、蒙学、小学和大学等，都是需要特别关注的，能够惠及人的终身。

职业化的教师出现是在有了正规的学校之后，但如何进行教育、以什么为载体、教授什么内容？现有的文献、文物所提供的都还是不清晰的。从孔子删定"六经"开始，教材出现了，具有包容意识的儒者被视为相对最理想的教育者。在孔子的思想体系（其中包含了老子，以及后来佛教思想等的影响）中，教育思想是最为丰富的，对教师的指导也非常丰富和具体。时至今日，很多人会认同这样的说法：老师的老师是孔子。这是因为直至当下，教育的所有最重要的思想，如重视教育（建国君民教学为先，以不教民战是谓弃之）、有教无类（全民教育、教育普及、化民成俗）、因材施教（以学生为本、多元智能、学习者有差异）、启发式（不愤不启、不悱不发）、自主学习（自知之明、师父领进门修行在个人、学而时习之不亦说乎、见贤思齐，知之者不如好之者、好之者不如乐之者)、学思结合(学而不思则罔、思而不学则殆,举一反三、审问、慎思、明辨,尽信书不如无书)、独学无友孤陋寡闻(合作学习、小组学习)、教学相长(学然后知不足教然后知困、青出于蓝、三人行必有我师、教学半)、知行合一(躬行实践、笃行)、博约相济(博学之、由博返约、大道至简)、建设学习型社会(耕读传家、社学、义学)、终身学习(止于至善、锲而不舍,驽马十驾功在不舍、活到老学到老)、专业平等(无友不如己者、三百六十行行行出状元、三个臭皮匠赛过诸葛亮)、开放游学(和而不同、推己及人、周游列国、有朋自远方来不亦乐乎)、善用方法(志于道、道不远人、循序渐进、由近及远、法无定法)、德艺双馨与改过(据于德、依于仁、游于艺,积善成德、知耻近乎勇、内省、有过勿惮改)、以身作则(身正不令则行、身教重于言教)、身心健康(志不强者智不达、人不知而不愠不亦君子乎)、学为君子(立志于修、齐、治、平等远大理想)、学有过程和等级(小成、大成、不可躐等或揠苗助长)等,在孔子和他后学的思想中,都有深入的探索和论述。可以说为各级各类教育者提供了具有永恒价值和原创精神的无穷思想资源与实践经验。

具体的教师理论在孔子的《论语》、思孟学派的《礼记·学记》，以及唐代韩愈（768—824）的《师说》、《进学解》等中，阐述得非常透彻深刻。孔子一生的主要经历是教育、当老师，他不仅总结了重要的教育思想和原则，还能身体力行、以身作则，以"知之为知之不知为不知"的精神不耻下问，为后世教师树立了令人信服的典范。在孔子之后，依据孔子的思想，中国形成了特有的"士"阶层，他们身份和意识相对独立，具有一定的责任和使命（弘道、传授知识技艺、化民成俗），以及教育的知识和能力，特别是汉代"独尊儒术"之后，逐渐成为中国历史上教师的主体。

韩愈在当时师道衰微的情况下能够奋起"抗颜为师"，并将教师的作用精辟地概括为"传道、授业、解惑"，使中国传统的教师理论有了被广泛认可的主要解读。特别值得关注的是，韩愈明确指出"道之所存师之所存"，对教育者的本质特点，而非虚名和标牌做了精辟的说明，意思是得道者即为师，而不必过于关注名分等外在的表达。为了让为师者更加从容地应对教育教学工作,他还强调"师不必贤于弟子,弟子不必不如师",将前贤"教学相长"的思想又做了更透彻、更简明的表述。在正常的教育教学情境中,受益的不仅是学生,也有教师。教的过程也是学习的过程,在与学生的互动中,教师不仅能得到更丰富的锻炼,学生的不同或不成熟的见解等,也会时常启发教师深入广泛的思考。

在中国的历史上,秦朝是强调"以吏为师"的。这不仅是由于当时的为官之人多属于知识阶层,还因为秦朝强调统一意志、统一文化,因此,这样的教师政策是与之非常对应的。值得注意的是,这种思想即是战国"霸道"思维在教育中的体现,对后来的中国社会也有很深远的影响。对此,隋朝的大儒王通(文中子,584—617)曾有"德不在年道不在位"的说法,就是要打破以年论德、以位论道的传统社会意识和"以吏为师"的局限,使道德文化等的教育更加纯粹和专门化,不被一些表象和狭隘的思想意识干扰。

从汉代开始,由于学术和教育的发展,在学术和教育界有了"师法"和"家法"的分别。所谓的"师法"主要指教师按照经书（教材）和通行的教法传承；而"家法"则更强调教师传承的是在讲解一般内容的基础上更具有独立见解的一家之言，甚至在传承上有了特定的身份认同，在学派形成上有了门派的标记。这种现象既是先秦"百家争鸣"文化精神的延续，也是教育和学术进一步专门化的表现。自此，不仅在"高等教育"方面有了更专门化的教学或传承，各个学派的学统（学术特点和门派传承）特征也日益明显，且能一直延续到清末和今天。

在学术界和教育界，对于学者和教师的品评还包括"人师"和"经师"的区别，腐儒和鸿儒的分野。这些分别都将教师的品位、格调、德行、作用等做了对应的解读，引导教育者要自强、自律、不误人子弟。其中既包含了从事教师职业者的底线，也有了教师更高的目标追求。在现代教师职业的规范出现之前，这些相关的思想和意识是很难能可贵的。

与国外和现代教育的重教特点不同，中国的教育传统是偏重"学"的，尤其强调学习者要有独立自主的学习精神。这一传统特点使得中国人很会学习。《论语》的开篇即是"学而"，里面讲的道理都是如何读书、如何思考、如何学做君子等，突出的是自主学习、独立思考，不是盲目地信书、信老师，满足于记背某些具体的知识。先秦思想的集大成者荀子（约前314—前217）著有《劝学篇》，强调"吾尝终日而思矣，不如须臾之所学也"。"君子博学而日参省乎己，则知明而行无过矣。"在古人看来，会学习的人就有独立见解，可以达到"青出于蓝而胜于蓝"的理想之境，并能推动教育和学术事业的发展。

有了认识上的重学传统，还要有相应的方法支撑。儒家思孟学派的经典《礼记·大学》就点明了其中的重要方法和原则。但是，当下很多中国人都认为此"大学"与现在的"大学"或"高等教育"无关。还是近当代的外国学者更认真，他们把《大学》译成"Great Learning"，译回来的意思是"最棒（重要）的学习"。也就是说，最高级、最重要的，应该在受教育期间掌握的学问、学习能力等，就是这种"最棒的学习"。既要兼顾在"博学之、审问之、慎思之、明辨之、笃行之"等五方面下工夫，又要能融通"格物、致知"等八方面的层层递进和提高。对任何知识、学问的追求，都应着眼于"止于至善"，而不是拿到学位后就了事。

至于在具体的学习当中,方法和技巧就更多了:包括记诵、识字(借助《说文解字》等字典了解文字学)、解字(利用历代注经的研究成果提升训诂学能力)、著文、质疑、论辩、研讨、躬行、反思、纠错、求异、创新等,且能按照蒙学、小学和大学而有所侧重和分别。

面对逐渐形成的浩如烟海的学习内容,先秦时期的庄子就慨叹"生也有涯而知也无涯"。当时的知识已经让人一生都无法穷尽,必须要首先学会如何选择学习的方法和确定正确的学习策略。除了"由博返约",在学习了一般经典、一般知识技能的基础上要进入相对较窄的专业范围外,还要特别注意了解学科分类与目录学。大约从汉代开始,中国就有了对于学问的大体分类——经、史、子、集(见《汉书·艺文志》),到隋朝根据文化历史的发展又增加了佛教和道教的内容(见《隋书·经籍志》),帮助学习者在"辨章学术、考镜源流"基础上更好地把握自身学术提升的方法与路径。在中国的历史上,这类文献目录学的书籍很多,被视为学习的入门和登堂入室的指导。

对于学习和读书的方法，先秦诸子都有论及，在后来的2000多年中，文人学者也一直在不断地摸索和探讨相关的问题。这对百姓而言是最好的指导与帮助，即便是在乡野山村的平民百姓，据此指导也可以实现"耕读传家"的朴素理想。在诸多传世的"读书法"之中，《朱子读书法》的流传是最广的，影响也很深远。其内容包括：循序渐进、熟读精思、虚心涵泳、切忌体察、着紧用力、居敬持志六个方面。仔细体会，不仅对古代《大学》的教育教学思想有重要的补充与深化，对今人的学习研究也有很好的启发意义。

朱子读书法之所以被世人所重，原因很清楚：首先是因为，朱熹本人很会读书，不仅效率高，而且还有自己的独到之见，其"读书法"可谓宋代对过往读书法的集大成者；其次，朱熹本人很知道"温故知新"的作用，所以其不少的著述都是从梳理前人的思想见解开始的，其形成的观点也有更厚重的历史支撑。比如有人问朱熹，"《易》如何读？"朱熹答曰："只要虚心以求其义，不要执己见。读他书亦然。"其回答虽然简单，但却体现了读书的"科学"精神，就是力求客观、力求挖掘书中的有益资源。谈到"虚心",中国的古人,包括儒佛道三教的学者,都有类似的意识,就是在读书学习或借鉴他人思想资源时,不带偏见、不因人废言、不轻易否定,而是通过虚心和独立思考,探究前人所论的缘由和道理,有益于自身水平的不断提高。

在朱熹以后,对于学习思想的发展仍后继有人,包括王阳明倡导"心学",继承了孟子、佛教等"求诸己"的传统,对于独立思考、自主发展、个性解放等均有借鉴;也包括"实学"学派,强调在读书之外,加强实践、关注真实的社会等,也对朱子读书法有很好的补充。

在学习过程中的求师问道、关注教与学这一对基本的矛盾关系等,在中国的教育教学史上的探究还有很多,在当下和未来的教育发展与改革之中,可资借鉴的资源十分宏富,不可轻易忽视。

八、耕读传统及其学习资源

在中国,即便是偏僻的山乡,至今也可以在简陋的农舍院门、房门上看见不少"耕读传家"的匾额,相关的还有"鹏程发轫"、"学著辟雍"、"秀拔天池"、"学优而仕"等激励农家子弟勤奋好学、学有大成的警语箴言。这种有志于学的传统,不仅影响了一代又一代中国人,还对周边的国家产生过重要的积极影响。在日本的许多公立小学中,都有一个标准化的雕塑:一个身背柴禾的乡村少年金次郎,挽着裤腿,边走边在读书,手中捧着的是中国的儒家经典《大学》,体现的是典型的耕读精神,对日本社会的崇学奋进影响至深。

作为中国社会长久以来的基本组成单位,家庭和家族都会在乡村成为有规范的社会组织,以宗庙、祠堂为中心的各类教育,包括私塾、书院、藏书楼、议事厅等,肩负着中国乡村基础教育和社会教育的主要责任。其普遍制定的"家训"、"族规"、"乡约"等成为了乡村中的"自治"法,庙堂收入的主要用项就是办学、藏书和扶助鳏寡孤独。在中国的传统社会中,有一种传统的公益类学校叫"义学"、"义塾",一般是为贫民免费提供教育的设施,历史渊源至少可追溯到北宋范仲淹创办的义学(学生为民间孤寒子弟,不仅免交学费,还可提供学习用具,由官员、开明乡绅捐资在家乡创办,多以祠堂中的部分房舍为校址),而其名称在汉代已有(见《后汉书·儒林传下·杨仁》)。宋元以后,义学、义塾有了一定的发展,除了教授蒙学课程和农桑、医药等知识外,一些义学学生还具备了进一步到书院学习的资本,少数义塾的办学水平也达到了书院的程度。明清之际的外国传教士也用"义学"、"义塾"之名开办了面向平民百姓的洋学校。中国的义学、义塾传统对周边各国也有影响,日本最知名的、与早稻田大学并驾齐驱的高校——庆应义塾大学,在名称里至今还保留了"义塾"的概念和精神,体现了公益、平等、尚文、教育普及等重要的教育理念。

在中国传统的义塾中,最有名的当属清光

绪年间由乞丐武训（1838—1896）创办的"崇贤义塾"（1888）等三所贫民学校（第二所义学是与寺院合作，在1890年开办；第三所在1896年开办，当年武训病逝，送葬者万人以上，师生百姓哭声震天，清廷还为其建忠义专祠）。武训家境贫寒，七岁丧父，以乞讨和当雇工为生，但却有强烈的求学愿望。在因求学累遭欺辱之后，遂立志靠乞讨积攒的经费自办为贫儿上学提供的学校。为了专心致志、实现理想，武训以"不娶妻、不生子，修个义学才无私"的志向（不置家，怕为俗事所累，影响办学目标的实现），节衣缩食的勤俭和对教育的热望，经过38年的努力和备受歧视的磨难，以及受他感动的帝王（光绪皇帝为其钦赐"黄马褂"，授"义学正"之"官"名，保护他在乞讨、办学中不受欺辱）、乡绅和有识之士的资助，终于实现了他的办学梦，并被誉为"千古奇丐"和"夫子"，成为中国历史上载入史册的唯一一名乞丐出身的人，极大地彰显了人的理想、意志、人格在教育和社会发展中的重要价值。其死后，蔡元培、陶行知、黄炎培、蒋介石、张学良、冯玉祥、何思源、杨虎城、于右任、郁达夫、郭沫若、柳亚子、张自忠、张伯苓等各界名流都曾写诗撰文赞扬其办义学的伟大精神，称其为"平民教育家"。受其影响，从1932年到1935年间，山东创办了15所"武训小学"，陶行知创办育才学校、张伯苓创办南开中学、一大批留美博士在晏阳初（1890—1990，因其在乡村建设、乡村教育方面的贡献和影响，1943年被评为"现代世界最具革命性贡献的十大伟人"之一，与之并列的有爱因斯坦。其被视为平民教育之父，因其在南美、非洲、东南亚的平民教育、乡村改造方面的贡献被聘为联合国教科文组织的顾问）的组织领导下推进乡村建设和乡村教育等，都直接和间接地受到武训精神的影响。

长久以来，识字和读书成为不少普通农人发家致富、改变命运的重要途径。而在书籍有限的古代，编印历代名家的文选，就成为被普遍看好和使用的学习资源。受孔子删定"六经"做法的启示，先秦时期，先贤们就已编有面向初学者的字书《史籀篇》等，便于学习者掌握，也着眼于文化的普及。在所有的传统读物中，蒙学、小学的经典，如《千字文》、《百家姓》、《三字经》、《弟子规》、《弟子职》、《文字蒙求》、《笠翁对韵》等,使用都极广,遍布全国,不仅可以使儿童的学习步入正轨,也可以广泛有效地宣传社会道德,促进文明的发展。这些基础性的读物,不仅在民间很普及,还在历史上被翻译成少数民族文本和外文,对亚洲"儒家文化圈"的形成,东亚教育的发展等,均发挥过重要和基础性的作用。

在传统的蒙学和小学之上,经典的学习是最被看重的。从最初的《五经》到宋以后明确添加的《四书》,在主体价值追求和基本社会规范等方面的教育便有了标准的资源。进入到"大学"或成人阶段,学习将会变得更加专业化,且有不少内容是没有标准答案的。为了突破已有见识的局限,古人很早就意识到,必须要靠博学和明辨等方式的作用,使学问有所进步或发展。为了达到这样的学习与发展目的,在南朝的梁武帝时期,武帝的长子萧统(501—531)就组织了一批文人编辑了中国最早的诗文总集——《昭明文选》,为学习者收录了自周代至梁700到800年中130多位作者的诗文700多篇。不仅为当时的学习者"兼收并蓄"提供了丰富的阅读文献,还为后世树立了"兼容并包"的"文选学"编辑、阅读风范。后世学子的阅读多与《文选》及文选类的读物有关。

中国传统的学习资源，是以"经"为统领的，在各行各业的文献中均有"经"作为最重要、最基础的教材或读本，如行医要读"医经"、"药经"，计算的要读"算经"、研究天文的要读"天文经"、研究地理的要读"山海经"、关注畜牧业的要读"相马经"、务农的要读"农经"、种茶的要学"茶经"等等。所谓的"经"即是在该领域最专业、最标准的经典，包括最基本的内容与方法。其次，是各行业中有关"术"、"技"、"艺"的具体表达，相应的文献数不胜数，其中不少是具体经验的记录，对于各行业的发展有许多可借鉴的成功经验和失败教训，给行业从业者的帮助和启发是很有益的。

在文字出现之前，知识的传播和教育主要是通过口传心授完成的，结绳记事、图画记事、模仿成人等是教育或学习的主要形式。文字出现之后，知识的传布虽更加精确了，但由于竹木简的使用比较麻烦，抄写一部经典所用的简牍大约会装满一部车，所以读书学习仍然会面对诸多困难。只有到了汉代纸张的出现，才使阅读更加便捷和便宜，教育的普及在当时"新技术"的推进下有了长足的发展。至今人们可以看到，在甘肃、敦煌等地，有记录儒家经典的汉代纸张出土，这说明当时中国教育或学习资源的传播已经达到了世界先进水平。

大约在隋唐时期，中国已开始使用雕版印刷术，一些经典的流传将超越以往的"抄写时代"，更加便捷、准确、清楚。至宋代，活字印刷的出现使印刷本身的效率得到了巨大提高，也使民间藏书和阅读有了更好的条件保障。除了传统的儒家经典之外，几乎三百六十行行行都有书籍形式的记录典籍，行行都可以通过书籍传递积累行业遗产，并有助于相关的民间阅读和教育。

中国传统的社会教育（学习）有三条途径：一是民间自发的非正规学习，主要以生存需要、生产技能为内容，兼及一些家庭和社会的规范，学习载体包括族规、家训和童蒙读物等，也包括一些行业的基础性读物，如中医的《汤头歌》、《医学三字经》等；二是政府从国家治理的角度推进的社会学习，其内容也包括社会规范和行业基础知识，组织形式依托社会的基层，如元代开始推行的"社学"，基本能落实到乡村，内容包括社会伦理、医药学基础和农学知识等，官方也会印发相关的读物在民间免费发放；三是一些行业开展的内部学习训练，同样属于非正规学习，由于行业发展的需求与行业技能的传承原因，不少的专业技术是密不外传的，只传授本行业的从业者，甚至只传授自家的子弟。

中国传统社会中的学习资源，基本可分为两大类，一类是普及性的；另一类是专业性的。前者涉及社会基本伦理规范，也涉及为了继续学习应掌握的基本知识和能力，包括文字能力、基本计算能力、做人和处世的基本原则等；后者则因行业而有较大差别，因为隔行如隔山。为了促进社会学习，实现孟子提出的"人人可以为尧舜"的教育理想，历代学者和统治者都想办法积极推进社会学习，著名者有荀子的《劝学篇》、唐韩愈的《进学解》和《劝学诗》、宋真宗赵恒的《劝学诗》、朱熹的《劝学诗》、明文嘉的《今日歌》、清钱泳的《明日歌》和张之洞的《劝学篇》等。在他们的强力影响下，中国的社会学习需求被极大地调动了起来，并形成了重学尚志的良好社会风气。

唐宋以后，随着民间藏书业的发展和书院

的兴起，使得原先只能在官学或官方机构能看到的典籍，在民间也能看到，甚至还能看到一些难得的抄本。这对许多无条件上学的人而言，有机会通过自学和阅读提升自己的知识水平和研究能力。不少具备了基础知识和基本学习能力的人，会通过到豪门世家当家庭教师等的机会，阅读其丰厚的藏书，实现自身的能力提升。清代的邓石如就是典型的代表。

作为中国社会的基本组成单位，家庭或家族的教育与学习功能是不容小觑的。以《颜氏家训》为代表的传统家庭文化，不仅包含了劝学劝进的丰富内容，形成了传统的"学习型家庭"，也使学习本身与家庭生活、社会发展紧密相连。这种传统不仅可以从历代的家训中看到，而且在后世不断出现的各类家训、族规中，教育或阅读的内容也得到了极大丰富。以清代陈宏谋的《五种遗规》和石成金的《传家宝》为例，其内容不仅涉及了传统经典的许多基本文献，还包括了教子、教女、治家、修行、为官、处世、仪态、人情、经营、祈福、避祸、自保等许多社会经验和先贤的智慧，被视为"一本书在手，万事不求人"的生活百科。

明代的王阳明（1472—1529）在孔子、孟子、荀子、董仲舒、韩愈、朱熹之后，融汇儒佛道三家的思想精华，创立了"心学"，改善了宋朝朱熹提倡的教育或学习主张，在一定程度上对传统的儒学教育进行了更加深入的改造，其主要特点是强调学习者应发挥主体精神，在学习中应有个人的自主意识。从某种意义上说，王阳明心学在明代具有一定的思想解放意义，符合了中国早期市民阶层的意识与需求，因而在当时中国教育和思想的发展中具有积极的影响，也改变了学习只限于读书的狭隘认识。

从某种意义上说，中国的耕读传统是与农业社会匹配的"学习型社会"。不仅对中国民间社会的教育发展有广泛持久的推进作用，对当下和未来中国的学习型社会建设也有积极的影响和借鉴价值。

九、西学东渐、东学西渐与近代教育的变化

所谓的"西学东渐"起码可以说是从汉代佛教传入开始的,此后中国的对外交流和向外学习更加频繁,从唐代开始,中国已有与西方交流(以丝绸之路、阿拉伯国家为主要媒介)的记载(如《大唐景教碑》),翻译佛经和其他国外经典的努力为中国文化的发展和教育视野的开阔都提供了重要的保障。法显、玄奘的"西天取经"也使印度等国的教育思想和学习资源对中国文化教育的发展产生了重要的影响。

以中国文化历史为中心的"儒家文化圈"由汉至唐已基本形成,对周边各国(朝鲜半岛、日本、越南等)的历史发展、文教建设等均有着重要和多方面的影响。这些国家的文字创制,以及教育内容、教育制度、教育思想、选士制度、官僚制度等的确定,都直接或间接地模仿中国,

且有本土化的探索（如日本就一直强调"和魂汉才"，有选择地学习和模仿中国的教育教学及人才评价模式，大量翻译中国的教育经典和各专业的教材、读物等）。不仅留学生、留学僧、官员常有往来，中国的各类书籍、经典和教育模式、著名教育家的思想等，至今还有不少是其教科书中的重要内容。

宋代在开国之初就与北方的辽、金、西夏等民族政权共同形成了"第二次南北朝"（辽史专家陈述先生语），不仅中原的教育和文化大力北传、拓展性显著，还对朝鲜、日本等国产生了更为深入的影响。朱子之学和宋代理学很快传到这些地区和国家，不仅促进了学术与文化的交流，教育的内容、模式等也被广泛效法。至今在日韩等国家，书院（有的称塾、精舍等）依然是社会教育的一种形式，并受到社会和文教界的关注和利用（韩国2011年后曾申请书院为该国的"非物质文化遗产"，日本、越南等都有书院的遗址留存，并发挥文化作用）。

元代在开土拓疆方面是最用力的，并已开始在"外语"、"民族语"的人才培养方面，阿拉伯的数学、天文学、建筑等的引进方面，在文化教育艺术科技等的拓展等方面,利用集权的力量促进了预想目标的实现。不仅在中央官学和人才举拔的体系中建立了蒙古人、色目人、汉人、南人的不同等级,也设立了对外交流及其人才培养的机构。一方面,有专设的蒙古国子学等专门的教育和研究机构,对应的有专门的人才评价标准;另一方面,在书院"官学化"的过程中,也使一些国际化的知识学习与专业训练受到了关注。与此同时,由于元朝的影响力是全球化的,所以,西方各国至少从元朝开始更加关注中国的情况和特色。而在此前,由于四大发明、农业、宗教、茶叶、丝绸、瓷器、军事、建筑、数学、科技、医药、商业、文学、戏剧、科举等的交流与影响,作为东方重要代表之一的中国,一直是西方社会关注的热点。特别是《马可·波罗游记》的出现,使得欧洲文化教育界对中国的兴趣更为强烈。

中国自古以来,与西方的交流多经过阿拉伯地区,而这一地区也有其悠久的历史和文化积淀。中国的对外交流和向外学习,都以阿拉伯地区为重要的中介。与西方和阿拉伯各国的关系不同,中国文化精神中的尊重、开明、和平、包容、理解和友好等,使得中国与阿拉伯各国的关系不仅没有残酷的宗教冲突干扰,还有更多的交流与互助,文化教育等方面的融合也能绵延持久。有了这样的良好通道,加之海上丝绸之路的发展及其他方面的交流,中国的对外影响是举世瞩目的。

中国的明清之际,正是西方从中世纪(5—15世纪)向文艺复兴和资产阶级革命(16—18世纪)的过渡时期。一方面,西方的哲学、科技、文化、艺术、教育等日渐成熟、形成体系,发展速度超越了以往;另一方面由于宗教拓展、资源掠夺和对外殖民等的需要,中西文化教育的交流碰撞也日益频繁。在这一时期,从荷兰、意大利、英国、法国、西班牙、葡萄牙等国有大量的西方传教士来华传教,并带来了西方的"先进"科技(涉及数学、物理、化学、机械制造、生物学、西画等),并以后者作为撬开向中国传教之门的敲门砖。以往,不少人都认为从此开始的仅仅是"西学东渐"的历程,但事实上由于这些来自欧陆各国的传教士,他们在宗教、文化、科技、教育方面的作用是双向的,所以促成了当时影响持久深入的"中学西渐"。

至今在北京二环路以内的一个院落中，还完好地保存着一批在中外文教科技交流方面做出过巨大贡献的明清传教士之墓。著名者有利玛窦（1552—1610）、汤若望（1592—1666）、白晋（1656—1730）等数十位欧洲传教士。他们中的多数人不仅在中西文化教育交流方面做出过重要贡献，向中国的学者、教育家甚至帝王（包括明末的崇祯皇帝，清初的康熙、雍正、乾隆等帝）传授西方的科学、数学、艺术等；还对整个欧洲的"中国观"，乃至后来的西方"中国学"产生了深远的影响。他们在努力传教的同时，也深入了解了中国文化，看到了与西方不同的文化教育传统，并陆续将其中的不少经典翻译回他们的祖国，包括西班牙、意大利、德国、法国、英国等，在"中学西渐"的过程中扮演了重要的角色。经他们之手翻译、介绍的中国典籍既包括儒家的"四书五经"，也包括他们认为有价值的诸子百家经典、各行业的重要著述等，不少没有机会亲自来中国学习考察的西方学者，都非常急切地想通过这些传教士的"中国来信"多了解一些中国的文化历史和教育传统，作为他们思考西方问题的可贵借鉴。

而在当时,西方各国正值文艺复兴和资产阶级革命时期,在脱离"政教合一"模式、用科学对峙宗教的努力中,从中国非宗教的发展模式中得到了许多启发,受到了深刻和多方面的影响。当时西方思想界的领袖伏尔泰(1694—1778),著名思想家、数学家莱布尼兹(1646—1716),著名诗人歌德(1749—1832)等一大批欧洲思想文化界的领袖人物,都对中国的文化、艺术、科技、教育、文学、伦理等思想产生过极浓厚的兴趣。伏尔泰不仅高度赞扬孔子是和上帝一样的"地上的圣人",还指出:上帝要把道德的金苹果送给人类,一定会给中国人。他在《风俗论》和《哲学词典》等著述中,写下了大量赞扬中国文化的内容,与当时西方思想界有影响的大家均有共识。从这一点可以看出,由上述思想家开创的近现代西方文明,是有中国的文化历史参与建构的,这一"中学西渐"的历史作用是不容忽视的。

时至清末,中国社会日渐腐朽衰败,国外列强肆意践踏中国的权益和中国人的尊严,秉持"社会进化论"和"霸道"思想的西方各国,至此不再欣赏中国的文明精神,他们感兴趣的只有对财富的掠夺。同时，内外交困的现实也激起了中国人的爱国热情和向西方学习的热潮，"师夷之长技以制夷"成为救亡图存和教育救国的基本理念。不仅当时的"洋务派"积极筹划在既有体制内改良，在书院和洋务学校中设置"西学"的课程，引进"洋教习"传授西方科技；国外宗教团体在中国的各类教育机构（包括育婴堂、洋书院等）也参与进来，并开始了中国近代最早的留学活动。

1847年，毕业于香港马礼逊学校的容闳（1828—1912）等（同行的有黄宽、黄胜等）作为第一批小留学生赴美学习，1850—1854年靠勤工俭学（当雇佣工人）成为第一个毕业于耶鲁大学的中国留学生，被誉为"中国留学生之父"和著名的近代外交家、学者（著译有《西学东渐记》、《契约学》、《银行法律》、《地文学》等）、教育家、社会活动家，推进留学并担任留美学生监督等，对中国近代的西学东渐、洋务教育、戊戌变法和辛亥革命都做出了重要的贡献。

清朝在1862年由洋务派创办了近代西方意义上的外语学校——"同文馆"，主要培养中国的外交人才和留学预备人员，开课形式和所教内容除了保留一定的中国文化传统外，已基本上是参照西学模式运行了。1911年清政府在北京设立了留美预备学校（此前两年清廷曾设立"游美学务处"，至1911年之前，共送三批180生赴美，其中有梅贻琦、胡适、赵元任、竺可桢、胡刚复等名人），即清华学堂和今天的清华大学的前身。其经费来源虽是美国"庚子赔款"的退款，专门用于留美教育，但其校训"自强不息、厚德载物"仍是典型的中国文化与精神的体现，为其能坚持"中西融汇、古今贯通、文理渗透"的办学风格提供了主要的引领。在洋务派推进教育改革的进程中，最值得一提的就是张之洞（1837—1909）。他不仅是学贯中西的学者，著有对后世学界、教育界影响深远的《书目问答》和《劝学篇》、《輏轩语》等，还创办了一批兼教中西学问的新型书院，学西方学校体系创办了两湖和两江师范学堂和诸多新式学堂（如铁路、武备、农务、工艺、水师等学堂）等。更重要的是，他与荣庆（1859—1917）、张百熙（1847—1907）等推进清末《奏定学堂章程》和《学务纲要》的制定，使流产的"戊戌变法"有了教育改革的真实推进。孙中山先生曾赞扬其为当时"不言革命的最大革命家",实现了中国近代教育最重要的"革命",包括实践新学、促进新学制诞生、推进中学的改造和西学的借鉴、终止当时没落的科举制等。其提倡的"中学为体、西学为用"的思想和主张,也有其重要和深刻的含义。即提醒人们,向西方学习不应照抄照搬,应根据国情和独立意识做积极、自主和理智的改造。

同样值得一提的是严复(1854—1921),他在1877年赴英国学习海军,因感觉西方的强大不仅是具有坚船利炮,更在于他们有良好的制度设计和治理规范。遂开始重点关注西方的治国方法,"西政"之学渐被重视。他不仅在英国旁听法院审判,注意其政府的组织架构,译回了人文社会科学的许多名著,涉及法学、社会学、逻辑学、经济学、哲学等,如赫胥黎的《天演论》、亚当·斯密的《原富》(即《国富论》)、斯宾塞的《群学(社会学)肄言》、孟德斯鸠《法意》(即《法的精神》)、耶方斯《名学(逻辑学)浅说》、甄克斯的《社会通诠》、约翰穆勒的《穆勒名学》和《群己权界论》等,号称"严译名著"。还提出了中国教育的"新计划",强调国家要把"开民智"、"治愚"放在重要的位置上。在他的教育主张和实践中，小学和蒙学偏重中学，大学偏向西学。并实际参与了北洋水师学堂、京师大学堂、天津俄文馆、北京通艺学堂、上海复旦公学等新式学堂的建设与发展。被康有为称为"精通西学第一人"，胡适赞扬为"介绍近世思想的第一人"，毛泽东也曾说他是在"中国共产党出世以前向西方寻找真理的一派人物"。

近当代最重要的教育家，还有如康有为、梁启超、盛宣怀、吴汝纶、陆润庠、郑观应、张謇、章太炎、陈嘉庚、蔡元培、张伯苓、胡适、陶行知、晏阳初、梁漱溟、鲁迅、傅斯年、范源濂、陈寅恪、陈垣、辜鸿铭、黄炎培、毛泽东、徐特立、吴玉章等，他们中的不少人都是兼有国学基础和留学背景的，也是有爱国热情和使命担当的。在了解国情，兼通中西文化教育的基础上，他们所做的各类教育改革与发展方面的探索，都积累了很多很好的"中国经验"，为中国教育的全面提升和改造奠定了重要的基础。他们大都意识到，中国不可能也不应该完全照搬西方教育的模式，中国自己的教育传统依然有自己的价值，不能简单地全盘效仿西方，掉入"东施效攀"、"邯郸学步"的窠臼。

过去很多人都认为，中国教育的近代化、现代化就应该是"全盘西化"，"中体西用"的想法是保守或维护旧体制的，且相关研究和评论多是以日本的"明治维新"做对照的（通过日本间接向西方学习，也是当时的一个突出特色，日本是中国近现代向西方学习的重要窗口。但是，认为日本"明治维新"的成功是因为"脱亚入欧"、"全盘西化"，就不符合历史了，日本因其保留了许多中国和东方的传统，被西方视为"东方的代表"）。在内外矛盾的夹击下，在中国社会的发展与西方教育的影响下，中国的近代教育有了缓慢的发展，而发展的思路主要是从方方面面向外学习。

到清末民初之时，正值第一次世界大战，以李石曾、蔡元培等人积极主导和推进的大规模"留法勤工俭学运动"，对中国现代的留学教育又产生了极为深远的影响。他们专门成立了"华法教育会"，在北京、保定等地建立了相应的预备学校，受益青年遍及北京、天津、上海、湖南、四川等省。通过留法勤工俭学的探索，改变了过往主要是富人和官方留学的既有模式，为更多不同社会背景的年轻人提供了出国学习的机会，使留学生的成分有了极大的改变。其中多数的留学归国人士，都对后来的中国社会、中国教育产生了积极、重要的影响，成为许多主要专业领域的领军人物。包括周恩来、朱德、徐特立、陈毅、邓小平、吴玉章、蔡和森、杨堃、徐悲鸿等。

近当代来华传播教育思想的欧美等国学者很多，著名的有杜威、孟禄、克伯屈、推士、泰戈尔、司徒雷登、李约瑟等。他们涉及的领域几乎覆盖教育的方方面面，包括教育哲学、教育制度、教育内容、教学方法、教育技术、教育教学实验等。而通过翻译其教育著作影响中国教育的外国著名教育家就更多，包括古希腊的教育家苏格拉底、柏拉图等；古罗马的教育家西塞罗等；西班牙的教育家昆体良、维夫斯等；捷克教育家夸美纽斯；法国教育家卢梭、蒙田、爱尔维修、朱利安、涂尔干、阿兰等；英国教育家洛克、斯宾塞、纽曼、罗素、怀特海等；德国教育家路德、福禄贝尔、第斯多惠、洪堡、赫尔巴特、凯兴斯泰纳，心理学家冯特等；瑞士的教育家裴斯泰洛奇等；意大利的教育家蒙台梭利等；美国的教育家赫拉斯曼、詹姆斯、杜威、泰勒、孟禄、推士、克伯屈等；俄国教育家乌申斯基、巴甫洛夫等；日本教育家福泽渝吉、小原国芳、多湖辉、牧口常三郎等。

除了向外学习西方"先进"的教育思想，秉承中国教育的一贯传统，中国不少的教育家和学者，都积极进行了本土化的实验和探索。其中最有代表性和影响力的是：清末张之洞等人的新学制确立，学习教育分层分类的细化，促进学校改制、内容引进、师资引进、留学发展等；蔡元培、范源濂、梅贻琦、吴汝纶、张伯苓、吴贻芳、陈嘉庚等人的大学建设和教育实践，包括中西合璧、招收女生、推进教育民主和学术自由等；陶行知、晏阳初、梁漱溟、雷佩鸿等人的乡村建设、乡村改造与教育普及的探索；张謇、庄泽宣、黄炎培、陈鹤琴、杨贤江、徐特立等人参与推进的师范教育、职业教育、成人教育、扫盲、"科学下嫁"运动和幼儿教育等；郑晓沧、俞子夷、经亨颐、陈宝泉、舒新城、李更生、陆费逵、廖世承、鲁迅、刘半农、赵元任、吴玉章、孟宪承、叶圣陶及不少教育家和教育团体积极参与设计教学法、道尔顿制、汉语白话和简化、汉语拼音等实验,并努力结合中国人学习的特点编写教科书等,更有大量的国外教育实验和教学经验等被及时地译成中文(**主要在《教育世界》、《教育杂志》等刊载**),对中国现当代教育产生了主要和普遍的影响。

除了以欧美日本为主要的留学目的地之外,前苏联也是对中国社会和中国教育产生重要影响的国家。早在20世纪20—30年代,徐特立等人就赴苏联的莫斯科中山大学学习,当时的国共两党均有不少在苏联的留学生。他们不仅学习了科技、文化和艺术等专业知识和技能,在政治方面也使后来许多领域的发展带有了浓重的苏联色彩。特别是1949年以后的一段时间,中国的教育从内容、方式、指导思想、专业特色到办学体系等方面,几乎全面接受了苏联的模式,以致俄语学习也曾一度超过英语,成为大中学校的必学内容。尽管后来因中苏矛盾留苏运动曾被终止,但苏联教育对中国教育的影响至今仍能从各个方面看到明显的印记。对中国教育产生过重要影响的前苏联教育家有:克鲁普斯卡娅、马卡连科、加里宁、赞可夫、凯洛夫、苏霍姆林斯基等。

1949年以后,中国为了推进教育对外交流,不仅成立了一批外语院校、外交院校、国际关系院校、对外经济及政治院校,还在引进外国留学生(北京的语言文化大学在20世纪60年代从北京外语学院脱生出来,就成立了"出国部"和"来华部",开始了专门的中外留学生教育服务)和国外专家(不仅中国政府成立了对外友协、外国专家局、外文局等机构,许多高校、研究机构也开展了高层次的学术和文化交流)等方面做了许多积极的尝试。

1978年以后,中国教育又开始了面向世界的重要改革开放,并逐渐使留学的规模继续扩大。除此之外,向国外学习的形式也从留学向短期考察、游历、译介名著、会议交流、信息研究、资源共享、人员交流等多元化的方向发展,同时也恢复和加强了中国教育经验的外向传播,涉及中国的思想、科技、教学法、教材等多层次、多方面,促进了中外教育的相互理解和交流,也使中国优秀的文化教育遗产能为人类的发展做出贡献。

通过向西方学习,中国近现代的教育有了明显的进步,但是相应的问题也在不断出现。其中最为明显的就是对于"全盘西化"和继承传统的争议，以及在相关实践中的盲目效法。虽然一直以来，在学习西方和保留"民粹"方面，中国的文化教育界都有作为，一直保持着相应的平衡与张力，但是近代中国的贫弱落后，也使得中国人在教育及各个方面的自信、自知受到了极大的制约，以致"言必称希腊"、"外国的月亮比中国的圆"等意识，深深地影响了近代以来的中国教育与中国社会。曾有学者统计，现代中国人所用的概念，有约70%是经日本从西方舶来的，中国现代的教育内容、教育模式、教育方法、考试形式、教育评价标准等，都是从西方学来的，我们自己的优良传统和特有智慧却日渐缺失，致使中国教育的发展一直存在着许多削足适履的明显问题，影响了教育因地制宜的良性发展。这是很值得中国人和中国教育界认真反思的。

十、中国传统教育遗产的
　　当代价值

中国的传统教育经过了数千年的积淀,凝聚了许多有价值的内容、思想、方法、路径和智慧,也记述了很多有价值的经验与教训,所以,从某种意义上说,中国人是最崇尚教育和最会学习的。只要善于挖掘中国教育的传统资源,中国要办好教育,应该是能够左右逢源,拥有良好社会基础和文化支撑的。从清末的戊戌变法开始,中国的教育进入到了近代阶段,在当时的学制设计中,已经有了可以和世界教育接轨的学前教育、义务教育、职业教育、扫盲、高等教育和教育大众化等分类,教育的发展也更接近来自西方的"科学"模式。

但是,向西方学习毕竟还要顾及中国的具体情况,不能因地制宜的推进教育改革和发展,必然会影响教育理想的实现,使教育效果大大减弱。反之，从中国的实际出发，不仅能为世界教育提供中国的经验和案例，还可能创造出超越理想的教育奇迹。清末宣统年间（1909—1912），中国的文盲至少占总人口的90%，而邻国日本凭借甲午海战后的不平等条约——《马关条约》所提供的"赔款"，已经积极在推进普及小学五年教育了。当时的学者吾卢孺对中国普及义务教育的前景很是悲观，看不到任何的前景与希望。为此他曾有诗曰："等到人人识字（**包括全国性的扫除文盲和普及6年小学教育**）日，还须两万几千年。"显然，根据他的判断，即便是学习西方的模式，灾难深重的中国要想普及全民识字（**小学阶段应该完成**），也是难上加难，看不到任何可能。但是经过将近100年的努力，今天的中国已经基本实现了"人人识字"的教育理想，而且还把义务教育的年限延长到了九年。显然，能够实现这一理想的教育模式和策略既不完全是中国传统的，也非从西方照抄照搬而来的，而是在学习借鉴西方先进的教育思想和方法的同时，做了大量因地制宜的尝试，汲取了不少中国传统的学习技巧和智慧。

　　总结中国扫除文盲和普及九年义务教育的

成功历史经验,其中最突出的特点就是,办好中国的教育就要符合中国社会和中国文化的基本特点,要唤起中国人热爱学习的热情和潜能,同时还要从中国的文化历史中,对有利和不利教育的相关因素做明确的甄别与选择。所涉内容包括:教育政策的改善、文字的简化、文字学习的拼音辅助、方法和标准的因地制宜、教育形式的多元化和民族性等,其中不少的实验探索不仅取得了良好的效果,有的还被联合国教科文组织等肯定与传播,为世界扫盲和普及全民教育提供了良好的中国的经验和案例。

近代以来,中国在方方面面都注意向西方发达国家学习,认为西方的教育才是科学的,而中国的教育仅是一些经验,没有借鉴和推广的价值。但是随着教育的发展,随着中国影响的扩大,也随着中国教育的成就被世人瞩目,特别是21世纪,已有越来越多的国家开始重视中国教育遗产和经验的重要价值。不仅像加德纳(多元智能理论的创始人)那样的著名学者多次强调他的思想借鉴了包括孔子"因材施教"思想在内的不少中国的教育传统,中国的小学数学教材被译成英文在美国的基础教育中产生了重要影响,中国家喻户晓的乘法口诀"九九表"也被英国学校定为必学的内容。而且学术界也逐渐意识到,教育的探索若能行之有效,就不能仅关注相关的"科学"规范和既定模式,还必须从实际出发、从经验入手,才能对现实的教育教学产生真实和良性的影响。教育作为人类重要和复杂的学习实践活动,有许多方面还不可能做到完全的科学化、标准化、机械化,更多因人而异、因材施教的努力,更需要中国式的教育和学习经验做指导。

作为中国历史上曾经出现的教育现象、曾经产生过影响的教育实验,其价值也都不应仅限于学术研究和博物馆的展示,在许多方面仍然有弘扬、复兴和继续实践的价值。比如,进入21世纪,中国的许多高校都意识到,中国的大学传统,尤其是古代书院,应是中国高校进行中国化改造和发展的重要借鉴。所以,不仅书院研究重起高潮,书院的传统教育方法,如会讲、论辩、小组学习、非考试或非学历类学习、鼓励各类学生的自主实践等,均在高校的教育中成为亮点。中国传统的教育、教学、文化、考试和人才评价等,都有整体性、系统性和辩证性的关照,而不是僵化、教条地运用所谓的"科学"标准。这与西方教育过于细化的分类、割裂形成了较为鲜明的对照。比如，古代对人才的评价主要把握"文"（文章，观其中的独立思想、表达能力）、"形"（身体状况、气质、风度等）、"书"（书写，以观修养、性格、情趣）、"判"（判断、分析能力、选择能力、解决问题的思路、道德和价值观等）四个方面，而不是在枝节上面下大工夫，忽略了对评价对象整体素养的品评。所幸的是，西方也有不少学者意识到这类问题，还有不少学者开始关注对中国传统教育经验的学习与借鉴。

特别需要指出的是，中国的教育传统不仅仅是指汉族的教育传统，也包括所有少数民族的教育传统。在中国这一多民族的国家中，每个民族都有自身的重要价值，都有在文化教育上所做的贡献。在运用西方模式、汉语模式难以解决教育问题的不少地方，少数民族的传统模式发挥了极为有效的教育作用，引起了中外教育界的高度关注和深入研究。比如，在中国的青海地区，为了解决少数民族学生双语教学、三语教学和学习地方文化的问题，当地的一些学校尝试将藏传佛教的"辩经"方法引入到了学校的各科教学和学生的自主学习之中,并取得了意想不到的成功。在侗族地区,传统"大歌"的传承自然而有序,完全不同于西方音乐教育的模式与方法,却能使侗族民众都参与进来,共同演绎他们心中的音乐,且令世界惊异。2010年以来,不仅有日本等国的学者前来研究,中国当地的学校也开始将本地的侗族歌手请到学校里来参与音乐教育,使侗族的音乐教育传统在当地学校的艺术教育中发挥了重要的作用。

从鸦片战争开始到现在已经180多年了,五四运动至今也有100年的历史了,我们有许多重要的经验值得总结,有许多重要的教育问题值得反思。善于学习的中国人不是没有主见和立场的,要尊重各国各民族的多元文化,更不能丢失了对我国"本元"的起码了解与尊重。因为中国人的自信、自觉、自立、自强等,必须要来自对中国"本元"传统的自知。中国教育历史的发展在某种程度上取决于当下的教育界如何学习与选择。近代以来,我们开始注意向外学习,改革开放以来,我们向外学习的力度得到了极大的加强,甚至使外语学习成为国民教育、人才评价的重要必备指标。但是在真正的"国际化"、"现代化"、"民主化"、"科学化"等方面,我们教育的实效是很不理想的。比如,不少专家学者都认为,我们的基础教育世界一流,只是在职业教育、高等教育、终身教育等方面与世界存在较明显的差距。但是细想,我们的基础教育本应该使未来的国民德智体美劳"五育"都得到良好的发展,但是很明显,我们看到的仅是在与智育相关的知识和技能考试方面,靠记背获得的分数略高(且非全国水平,而是北、上、广等地的重点学校的水平,并不能代表中国的普遍水平),而在德体美劳等方面,我们的问题与缺陷还很明显。仅从智育的角度看,中小学生的想象力、质疑精神、独立意识等都没能得到良好与充分的培养,学校却已经负担过重、没有改善的思路和精力了。而在这些方面,中国的传统教育智慧可以提供非常丰富经验与方法,需要学校去挖掘和运用。比如,在中国传统的教育中,儒家提倡博学、审问、慎思、明辨、笃行,强调因材施教、德艺双馨、求诸己和推己及人;道家提倡无为(不言之教、留有自主空间)、道法自然、法无定法、治大国若烹小鲜;佛家兼顾"理入"、"行入"、"虚空"和"破执"(回头是岸、虚心以待)等,都是可以选择的学习方法,且可以综合运用、殊途同归。若能善用这些方法,许多教育教学的难题都可以破解,对国外传来教育教学思想的吸收也可以更接地气,有效地解决中国教育自己的问题。

再比如,中国和外国的教育者都已经普遍意识到,当下的教育倾向和相关测评是偏向智力,而对受教育者的伦理道德、身心健康、职业技能、审美感受、融入社会的实际能力等是弱化和不重视的,严重影响了国民素养的提升和社会的正常发展。对此,不仅国外的学者早就通过回归传统、明确人类追求的永恒价值和基本要素等,使教育不再偏离正途,且不被商业、娱乐、享受、技术等所绑架。好在中国的学术界和教育界也意识到了问题的严重性,并试图通过温故知新的努力,进行更多、更深入的探索。可见当改革和发展遇到困境和严重问题时,用"文艺复兴"的方式进行调试和反省,是进一步明确方向和正确发展的基础。

人类文明的发展,教育的发展,既需要兼顾横向的协调与平衡,注意向先进的国家学习;更需要关注纵向的历史发展对当下和未来的影响,包括已有的重要基础和需要调整、完善的地方。早在1949年确立当代中国教育的发展方向时,中国自己的传统("从孔夫子到孙中山")就被确定为重要的渊源和基础之一。在今天的教育发展中,国际化、标准化、现代化、技术化等因素的影响,既有积极的意义和价值,也同样有其局限和不足,要想智慧合理地学习与发展,必须要做本土化、地方化、民族化的改造,方能真正学到先进的知识和方法,从根本上提升中国人的学习与发展能力。

好在已经有越来越多的中外有识之士意识到,中国的文化教育传统都有精华和糟粕,且一定是以精华为主的。要使当下和未来的教育走好中国道路、做出中国贡献、便于中国人发展,就必须要有中国人、中国教育界自己的努力。首先做好对自身传统的梳理,明确限制中国教育和社会发展的根本问题。近些年,中国在基础教育、职业教育、高等教育、社会教育等方面遇到困难,总有人不负责任、没有根据地说"我们的传统和文化不如西方"、"我们的人性有缺陷",似乎中国人必须在落后的宿命面前屈服,不能有所作为。这显然是在自我污蔑,或是在有意躲避更为深层的问题，有意用大家已经生疏的文化教育传统做挡箭牌。如果，这种舆论或所谓的研究观点不破除，中国教育和社会的发展还仍然会受到巨大的思想束缚和误导。

当然，在梳理我们自己的教育传统时，还需要更理智、更客观、更实事求是的科学精神，跳出狭隘的民族情感和民粹主义的局限，负责任地汲取、评判和选择古今中外的教育经验。要使我们中国人通过对自身教育史的正确了解和把握，能成为更聪明、更有道德志向和健康身心、更具世界视野和自主性、进而更具竞争力、包容性和创新潜质的人。不如此，就不足以在未来更具挑战的世界中自立于世界民族之林。

作为拓展学习的参考书

1. 毛礼锐等:《中国教育通史》,山东教育出版社1995年版。
2. 陈景磐:《中国近代教育史》,人民教育出版社1983年版。
3. 陈元晖:《中国现代教育史》,人民出版社1979年版。
4. 程方平、毕诚:《中国教育史》,台北文津出版社1996年版。
5. 李国钧:《中国书院史》,湖南教育出版社1998年版。
6. 熊明安:《中国高等教育史》,重庆出版社1983年版。
7. 陶愚川:《中国教育史比较研究》(三部),山东教育出版社1985年版。
8. 程方平:《隋唐五代的儒学:前理学教育思想研究》,云南教育出版社1991年版,开明出版社2018年修订版。

9. 刘海峰：《科举学导论》，华中师范大学出版社2006年版。

10. 丁钢：《儒佛道教育比较研究：中国佛教教育》，四川教育出版社2010年版。

11. 程方平：《辽金元教育史》，重庆出版社1993年版。

12. 程舜英：《中国古代教育制度史料（汉至唐各朝）》，北京师范大学出版社2011年版。

13. 董纯朴：《中国成人教育史纲》，中国劳动出版社1990年版。

14. 谢长法：《中国职业教育史》，山西教育出版社2011年版。

15. 刘彦华：《中国学前教育史》，中国建筑工业出版社2010年版。

16. 熊贤君：《中国女子教育史》山西教育出版社2006年版。

17. 雷祯孝：《中国人才思想史》，中国展览出版社1986年版。

18. 沈国昌等：《中国学习思想史》，科学出版社2006年版。

19. 曾煜：《中国教师教育史》，商务印书馆2016年版。

20. 滕星等：《中外教育名人词典》，中央民族学院出版社1998年版。

修订补记

撰写这本史话或"概说",既有纵向的历史梳理,也有分类的重点叙述,也有少许横向的比较,试图给读者展示较开阔的中国教育史大略,也试图给有兴趣的读者多角度的线索,便于做拓展阅读和研究,使其能更全面地理解中国教育的伟大传统、丰富遗产和主要教训。

从某种意义上说,上一分钟的事就已属于"历史"范畴,所以,"以史为鉴"是中外古今最成熟、最有用、最基础的学问,不唯利于了解教育,几乎涉及所有的专业和知识。可见,了解中国的教育历史,所获不只是专业知识,更多的价值是能知道中国人如何"会学习"、懂得知识的特色、功用、价值和学习方法。

开放以后,中国更大程度地融入世界。在看到外部世界缤纷多彩的时候,教育或学习的问题就显得更为重要。在了解了中国人的教育和学习传统之后，中国人及教育界不仅要善于向世界学习，也有责任传承好自己的文化，为人类教育的发展保持好这些遗产，并做出贡献。

本书出版之际，正值"五四运动"100周年，可以反思和借鉴的历史经验已经十分丰富，教训也极为明显。今天中国的教育不可忽略它的历史传统和实践经验，不能善用，即被所累。所以，读一读中国人自己的教育史很重要，且适合所有中国人和想了解中国教育史的各国朋友用不多的时间把握一个基本的概况。

区区3万多字的小册子，要想全面细致准确地讲好中国博大精深的教育（学习）史是很难的，笔者的学养和才智也自觉不足，只是想尽自己所学和研究心得为读者蹚一条小路，由此可通向"学会学习"的大道，成为"学习型社会"的合格公民。书中不免会存在的错误和偏见也请同行和读者多多指正。

出版说明

"新编历史小丛书"承自20世纪60年代吴晗策划的"中国历史小丛书",其中不少名家名作已经是垂之经典的作品,一些措辞亦有写作伊初的时代特征。为了保持其原有版本风貌,再版过程中不做现代汉语的规范化统一,读者阅读时亦可从中体会到语言变化的规律。

"新编历史小丛书"编委会

图书在版编目（CIP）数据

中国教育史话 / 程方平著. —— 贵阳：贵州人民出版社，2023.12
（新编历史小丛书. 史话）
ISBN 978-7-221-18102-2

Ⅰ.①中… Ⅱ.①程… Ⅲ.①教育史-中国-通俗读物 Ⅳ.①G529-49

中国国家版本馆CIP数据核字(2023)第211027号

新编历史小丛书·史话
中国教育史话
ZHONGGUO JIAOYU SHIHUA

程方平 ◎著

出 版 人	朱文迅
责任编辑	潘 媛
装帧设计	陈 电
责任印制	蔡继磊

出版发行	北京出版集团　文津出版社
	贵州出版集团　贵州人民出版社
地　　址	贵阳市观山湖区中天会展城会展东路SOHO公寓A座
印　　刷	贵州新华印务有限责任公司
版　　次	2024年2月第1版
印　　次	2025年2月第3次印刷
开　　本	880 mm×1230 mm　1/32
印　　张	3.25
字　　数	48千字
书　　号	ISBN 978-7-221-18102-2
定　　价	18.00元

如发现图书印装质量问题，请与印刷厂联系调换；版权所有，翻版必究；未经许可，不得转载。